W0322264

SUTTON
VERLAG

Kurfürst Johann Friedrich I. verdankt Jena die Gründung der Universität. An der Salana wirkten im Laufe der Zeit zahlreiche renommierte Gelehrte, die heute mit Straßennamen geehrt werden.

ARCHIV

STRASSENBEKANNTSCHAFTEN

Horst Fiedler

Quellen- und Bildnachweis

Jenaer Straßennamen von A-Z, 2 Teile, STADTARCHIV JENA, Jena 2001

Jenaer Straßen und Gassen, FREMDENVERKEHRSAMT DER STADT JENA, Jena 1991

STADTARCHIV JENA, verschiedene Aufsätze und Artikel zur Stadtgeschichte

ZEISS-ARCHIV Jena

Alle Fotos stammen von Hans-Werner Kreidner, Jena.

Sutton Verlag GmbH
Hochheimer Straße 59
99094 Erfurt
http//:www.suttonverlag.de

Copyright © Sutton Verlag, 2004
ISBN 3-89702-675-9
Gestaltung: Markus Drapatz
Druck: Oaklands Book Services Ltd., Stonehouse / GL, England

Ausschnitt aus dem Jenaer Stadtplan auf dem Cover: Copyright © Falk Verlag, Ostfildern

Vorwort

Straßennamen sind für uns alle unverzichtbare Orientierungshilfen. Ob wir einen Brief verschicken, Bekannte besuchen oder jemandem den Weg erklären wollen: Spätestens ab der dritten Abzweigung kommen wir mit „die erste links, dann die dritte rechts, etc." nicht mehr weiter.

Viele Straßen sind ganz schlicht nach ihrer Richtung oder Funktion benannt, manche Städte benutzen sogar nur Zahlen oder Buchstaben. Aber auch bei uns in Jena haben die meisten Straßen ihre Namenspatrone. Doch nur in den seltensten Fällen weiß man – selbst als Anwohner –, warum diese oder jene Straße den Namen einer bestimmten Persönlichkeit trägt. Wer waren diese „Straßenbekanntschaften"? Künstler, Politiker oder Wissenschaftler? Und inwiefern war diese Persönlichkeit mit Jena verbunden?

Von Oktober 2001 bis März 2002 erschienen in der Jenaer Ausgabe der „Ostthüringer Zeitung" bereits rund 20 meiner kleinen Beiträge über Straßennamen unserer Stadt. Darin gab ich jeweils einige interessante und oft auch unbekannte Informationen zu den Namensgebern – allesamt bedeutende Jenaer und Wahl-Jenaer. In Zuschriften und zahlreichen persönlichen Äußerungen wünschten Leser immer wieder, diese Beiträge auch einmal gesammelt lesen zu können. Für dieses Buch habe ich nun erstmals 82 davon zusammengestellt, überarbeitet und mit einigen zusätzlichen Informationen versehen.

Auch wenn das Buch durchaus den Charakter eines kleinen Nachschlagewerkes hat, so war es dennoch keinesfalls meine Absicht, Vollständigkeit bei der Darstellung anzustreben. Vielmehr entschloss ich mich für eine kurze, unterhaltsame Form der Artikel. Vermischt mit einigen wenigen biographischen Angaben, kommt entweder der Namensgeber einer Straße selbst zu Wort, oder es werden Äußerungen anderer über ihn wiedergegeben. Dabei findet sich oft Unbekanntes, Bemerkenswertes, Überraschendes und Heiteres – zuweilen aber auch Erschütterndes. Ergänzt wird jeder Artikel durch eine kurze Angabe zur jeweiligen Person und zur Geschichte des Straßennamens.

Da in diesem Buch die Personen stärker im Vordergrund stehen sollen als die Straßen und ihre Geschichte, wählte ich bewusst (und abweichend von den üblichen Verzeichnissen) eine alphabetische Anordnung nach dem Familiennamen. In den angeführten Zitaten wurde zudem, um die Authentizität zu wahren, die alte Rechtschreibung beibehalten.

Mein Dank gilt an dieser Stelle meinem Berufskollegen und langjährigen Bekannten, dem Journalisten Hans-Werner Kreidner. Er hat sich für dieses Buch mit der Kamera auf Spurensuche begeben und jene Straßen und Orte im Bild festgehalten, die an die hier verzeichneten Persönlichkeiten erinnern.

Mit seinem Anliegen, die kleinen Geschichten hinter der großen, allgemein bekannten Historie zu zeigen, ist dieses Buch weniger ein Straßenlexikon im herkömmlichen Sinne, als vielmehr ein durchaus amüsanter Streifzug durch die Geschichte Jenas. Seien Sie also herzlich dazu eingeladen, einige „Straßenbekanntschaften“ zu schließen.

Horst Fiedler
Jena, im April 2004

Ernst-Abbe-Platz / Ernst-Abbe-Straße

Karl Snell, seit 1844 Professor der Mathematik und Physik in Jena, bezeichnete Ernst Abbe als seinen „liebsten und genialsten Schüler". In Snells Haus begegnete Abbe dessen ältester Tochter Elise, die er 1871 heiratete. Er, mit Eifer der Mathematik und Physik zugewandt, war auch im Stande, an seine Braut Briefe zärtlichen Inhalts zu richten. So schrieb er zum Beispiel: „Meine liebe, einzige Elise, hab ich also – zum erstenmal seit vier Wochen – einen ganzen Tag aushalten müssen, ohne Dich zu sehen und Dir die liebe, kleine Hand zu drücken! Die Zeit ist mir wirklich lang geworden, besonders gegen Nachmittag: nach Tisch zu Dir zu gehen und mir von Dir immer von neuem sagen zu lassen, was ich am liebsten höre (Du weißt schon was), ist mir schon unerläßliche Bedingung meines Wohlseins geworden, daß ich heute vergeblich mich um ein Nachmittagsschläfchen bemüht habe." Was genau Abbe damit meinte, wissen wir nicht, können es uns indes wohl denken. Elise war Abbe Zeit seines Lebens eine stets zuverlässige und treu sorgende Gattin. Dadurch hatte sie an allem, was er für die Wissenschaft leistete, auch einen wesentlichen Anteil.

🕮 *Ernst Abbe (1840-1905) war einer der bedeutendsten Physiker seiner Zeit. Auch als erfolgreicher Unternehmer und Sozialreformer leistete er Herausragendes.*

☞ *Jena-Innenstadt. Der Ernst-Abbe-Platz entstand nach 1990, nachdem das Zeiß-Werk aufgelöst worden war. Die Ernst-Abbe-Straße – zuvor Scheunengasse und später Goethestraße benannt – gibt es seit 1945.*

Das Ernst-Abbe-Denkmal auf dem Carl-Zeiß-Platz. Die Marmorbüste schuf Max Klinger, den Tempel Henry van de Velde.

Felix-Auerbach-Straße

Felix Auerbach schrieb 1918 die erste Biografie über Ernst Abbe. Vom Direktor des Bauhauses in Weimar, Walter Gropius, ließ sich die Familie Auerbach 1924 ein in der heutigen Schaefferstraße befindliches Wohngebäude errichten. Da sie durch die Machtübernahme der Nationalsozialisten ihre humanistischen Ideale vernichtet sahen, gingen Felix Auerbach und seine Frau Anna am 23. Februar 1933 in den Freitod. Aus dem Polizeibericht geht hervor, dass beide eine Überdosis Tabletten zu sich genommen hatten. Anlass für diesen Schritt war ebenfalls ein erneuter Schlaganfall Felix Auerbachs. Das Ehepaar hinterließ folgende Zeilen: „Nach fast 50jährigem, wechselseitig beglückendem Zusammenleben haben wir für die vergangene Nacht in voller Heiterkeit das irdische Dasein verlassen; wir grüßen alle, die es angeht, aufs herzlichste und bitten sie, bei Gelegenheit mit gleicher Heiterkeit unserer zu gedenken."

🕮 *Felix Auerbach (1856-1933) war von 1889 bis 1933 Professor der Theoretischen Physik an der Jenaer Universität und Förderer des Jenaer Kunstvereins.*

☞ *Jena-Lobeda (West). 1991 erhielt ein Teil der Emil-Wölk-Straße den Namen Auerbachs.*

Johann-Nikolaus-Bach-Weg

Der in Eisenach geborene Johann Nikolaus Bach – ein Vetter des Komponisten Johann Sebastian Bach – erhielt seine erste musikalische Ausbildung in seiner Heimatstadt bei seinem Vater, dem Organisten und Komponisten Johann Christoph Bach. Im Anschluß daran lernte er bei dem Jenaer Stadtorganisten Knüpfer. 1695 wurde Bach Universitätsorganist und 1716 als Nachfolger Knüpfers zum Organisten der Stadtkirche berufen. Als Universitätsmusikdirektor war er auch Leiter des akademischen „Collegium musicum". Aus seiner Feder stammt unter anderem eine neunstimmige Kurzmesse in E-Moll. Besonders erfolgreich aufgeführt wurde sein Singspiel „Der Jenaische Wein- und Bierrufer". Die Hauptfigur des Spiels war ein hiesiges Faktotum: der „Rats- und Gerichtsbedienstete" Johann Michael Vater. Der überaus vielseitige Mann wirkte als Turmwächter, Bälgetreter an der Orgel der Stadtkirche sowie Anpreiser des Jenaer Bieres und Weines (auf dass diese Getränke guten Absatz fänden).

🕮 *Johann Nikolaus Bach (1669-1752) war Organist, Komponist und galt als ein vorzüglicher Kenner des Instrumentenbaus.*

☞ *Jena-Zwätzen. Der Weg befindet sich im Wohngebiet „Himmelreich" und trug bis 1997 die Bezeichnung Straße Nr. 25.*

Bauersfeldstraße

Dem genialen Zeiß-Ingenieur Prof. Dr.-Ing. Walter Bauersfeld ist es zu verdanken, dass heute in Planetarien die überaus realistische Darstellung der Sternbilder und ihrer Bewegungen zu bestaunen ist. Vom Deutschen Museum in München damit beauftragt, ein Planetarium zu entwickeln, das den real sichtbaren Sternenhimmel abbildet, hatte Bauersfeld die Idee der halbkugelförmigen Projektionsfläche, auf die durch eine Vielzahl kleiner, im Mittelpunkt der Halbkugel angeordneter Bildprojektoren die Lichtpunkte geworfen werden konnten. Nach fünfjähriger Arbeit konnte am 21. Oktober 1923 das erste öffentliche Zeiß-Planetarium der Welt auf der Jahreshauptversammlung des Deutschen Museums erstmals vorgeführt werden. Im Jahr 1957 erhielt Bauersfeld „in Anerkennung seines Werkes als Wissenschaftler, Erfinder und erfolgreicher Organisator, insbesondere in der Anwendung der Präzisionsmechanik auf dem Gebiet der Optik“ als bislang einziger Deutscher die höchste Auszeichnung für Ingenieure verliehen: die 1936 gestiftete „James Watt International Medal“, die alle zwei Jahre einem international renommierten Ingenieur zugesprochen wird.

🕮 *Walter Bauersfeld (1879-1959), Ingenieur und Erfinder, war von 1908 bis 1945 Mitglied der Geschäftsleitung bei Carl Zeiß in Jena und baute nach 1945 die Zeiß-Opton, Optische Werke GmbH, in Oberkochen auf.*

☞ *Jena-Winzerla. 1991 wurde die mittlere Querstraße der Hugo-Schrade-Straße zu Ehren Bauersfelds benannt.*

Das Zeiß-Planetarium, eine Erfindung Walter Bauersfelds, ist das erste öffentliche und auch älteste Großraumplanetarium der Welt.

August-Bebel-Straße

Am 9. Juni 1869 fand in Jena eine Versammlung des Allgemeinen Deutschen Arbeitervereins (ADAV) statt. Daran nahmen unter anderem Ernst Abbe sowie der Naturforscher und Privatgelehrte Antoine Sy teil, der sich später dieser Partei anschloss und zu den Freunden August Bebels gehörte. Der „Weimarischen Volkszeitung“ vom 13. September 1913 ist zu entnehmen, „daß zu jener Zeit eine Anzahl bürgerlicher Demokraten in Thüringen vorhanden war, die sämtlich auf dem Standpunkt des demokratischen Politikers Johann Jacoby standen, so Professor Abbe und sein Schwiegervater Professor Snell, weiter Dr. Sy in Jena“. Mehr als 30 Jahre danach erinnerte sich Bebel der oben erwähnten Versammlung in seiner Begrüßungsrede auf dem Parteitag 1905 in Jena wie folgt: „Es war eine sehr erlauchte Versammlung, lauter Professoren, Doktoren und Studenten und fast gar kein Arbeiter; ich habe mich so viel wie möglich bemüht, eine schöne Rede zu halten (Heiterkeit), die Rede ist auch vielleicht nicht ganz schlecht ausgefallen (Heiterkeit); aber ich muß lügen, wenn ich sagen sollte, daß ich irgend welchen praktischen Erfolg gehabt hätte.“

🕮 *August Bebel (1840-1913) war langjähriger Führer der deutschen Sozialdemokratie und Reichstagsabgeordneter. Er gehörte 1869 zu den Mitbegründern der Sozialdemokratischen Arbeiterpartei Deutschlands (SDAP) und 1890 der SPD.*

☞ *Jena-West. Ursprünglich (seit 1406) Erfurter Straße benannt, trug sie bis 1946 den Namen Kaiser-Wilhelm-Straße. Wilhelm II. (1859-1941) musste 1918 als letzter deutscher Kaiser abdanken.*

Eine Villa aus dem Jahre 1896 in der August-Bebel-Straße.

Johannes-R.-Becher-Straße

Der in München geborene Dichter Johannes R. Becher studierte zuerst in seiner Heimatstadt, dann 1918 an der Jenaer Universität und später in Berlin Philologie, Philosophie und Medizin. 1954 zum Kulturminister der DDR ernannt, galt der „Dichter des sozialistischen Realismus" als „bedeutendster Vertreter der sozialistischen deutschen Nationalliteratur [und] hervorragender marxistischer Essayist", wie ihn der Nachruf der DDR-Regierung rühmte. 1951 wurde Becher Ehrenbürger Jenas und 1958 Ehrensenator der Salana. Darüber hinaus war er Präsident des Kulturbundes und der Deutschen Akademie der Künste. Zwei Gedichte („Jena 1917 Sommer" und „Sommersonett Jena 1917") spiegeln das Lebensgefühl des Dichters wider, das er während seiner Jenaer Studentenzeit empfand. Zwei Jahrzehnte später gestaltete er das Erlebnis einer Demonstration auf dem Marktplatz in dem Gedicht „Jena oder die schwebende Stadt", das folgende Verszeilen enthält: „Der Tag, das wußte ich, wird mir nie entschwinden ... Im Jahre achtzehn war's, als dies geschah, o Jena, wann kommst du mir wieder nah: so schwebend, schwingend, singend, so geschmückt?" Das 1944 entstandene poetische Werk „Lied von den Flüssen" enthält die Strophe: „Saale. Wenn die Frühlingswinde bliesen, schienen deine Ufer mitzufließen. Und es war einmal ein Glück, das hieß: Jena - Landgraf - Saale - Paradies."

🕮 *Johannes Robert Becher (1891-1958), Schriftsteller, Dichter und Kulturpolitiker, schuf unter anderem den Text der Nationalhymne der DDR (1949).*

☞ *Jena-Winzerla. Bis 1973 Straße B 1 benannt.*

Adrian-Beier-Stieg

Wein, Meerrettich, Nüsse und Zwetschgen – das seien die „vier Magnetsteine", die Jena aufzuweisen habe, behauptete der Stadtchronist Adrian Beier im 17. Jahrhundert. Daraus könne man, so Beier, einen Not- und Nähr- sowie einen Zehr- und Ehrenpfennig lösen. Inwieweit Meerrettich, Nüsse und Zwetschgen heute noch dafür in Fragen kämen, ist ungewiss. Die Qualität des Jenaer Weins allerdings hätte bei diesem „Warentest" mit einer sicherlich nicht gerade schmeichelhaften Note abgeschlossen. Obwohl in dem bekannten, um 1850 entstandenen Studentenlied heute noch „Und in Jene lebt sich's bene" dem hiesigen Wein „nachgesungen" wird, dass er nicht schlecht sei, denn: „Tut er gleich die Strümpfe flicken und den Hals zusammendrücken, ist er doch zur Bowle recht."

🕮 *Adrian Beier (1600-1678). Zwei bedeutende Werke des Archidiakonus und Ortsgeschichtenschreibers sind die „Architectus Jenensis" und „Geographus Jenensis".*

☞ *Jena-Ost. Von 1934 bis 1945 nach einem Hitlerjungen Preißerweg benannt.*

Hans-Berger-Straße

Während einer Visite erfuhr Professor Berger, dass er aus Altersgründen (er ging bereits auf die 70 zu) sofort die Leitung der Jenaer Psychiatrischen Klinik abzugeben habe. Diese Mitteilung schockierte den Mediziner zutiefst, und völlig deprimiert setzte er darum am 1. Juni 1941 seinem Leben durch den Freitod ein Ende. Bergers Werk jedoch lebt bis heute weiter. Die letzte Publikation aus seiner Feder aus dem Jahre 1940 endet mit den optimistischen und zukunftsfrohen Worten: „Die Hoffnung aber, trotz aller Mißerfolge und Niederlagen von dem einen oder anderen Geheimnis [...] den Schleier lüften zu können, hat immer wieder den forschenden Menschengeist zu erneuter Arbeit angespornt, denn nichts besitzt eine derartige Anziehungskraft wie das Unbekannte, das uns täglich umgibt."

🕮 *Hans Berger (1873-1941). Der Mediziner wurde ab 1919 Nachfolger Otto Binswangers als Leiter der Psychiatrischen Klinik. Er entdeckte die bioelektrischen Ströme im menschlichen Gehirn und schuf die Grundlagen für die Neuropsychologie.*

☞ *Jena-Lobeda (West). Bis 1991 Hermann-Duncker-Straße benannt. Duncker (1874-1960) war Mitbegründer der KPD.*

Das Hauptgebäude der Hans-Berger-Klinik am Philosophenweg.

Binswangerstraße

Er erlangte Weltruf und gehörte nach der Meinung des damaligen Kurators „zu den ersten Zierden der Universität“: Professor Otto Binswanger. 1882 trat er seine Stelle als Direktor der Landesirren-, Heil- und Pflegeanstalt (ab 1894 Psychiatrische Klinik) in Jena an. Gegen die üblen Zustände, die er hier vorfand – die Kranken waren zum Teil in Einzelzellen eingesperrt, manche in Zwangsjacken gepresst –, ging Binswanger rigoros vor. Das hatte zur Folge, dass ihn der einzige approbierte Arzt, der nicht weniger als 200 Kranke betreute, im Stich ließ. Ebenso kündigte das Pflegepersonal, das Binswangers neue Methoden ablehnte. Auch in den Hörsälen erlebte der konsequente Reformer zunächst einen Boykott: Lediglich fünf Hörer hatte er anfangs. Vier Semester mussten vergehen, bis fast jeder klinische Student seine Vorlesungen besuchte. Obwohl er mehrere Rufe an andere Universitäten erhielt, blieb Binswanger Jena treu. Im Herbst 1919 ging er in den Ruhestand.

🕮 *Otto Binswanger (1852-1929). Der Mediziner reformierte die Psychiatrie grundlegend und gab der Entwicklung der Neurologie wesentliche Impulse.*

☞ *Jena-Lobeda (Ost). Bis 1991 nach dem Kommunisten Klose (1880-1955) Josef-Klose-Straße benannt.*

Susanne-Bohl-Straße

Goethe nannte die Bürgermeisterin zu Lobeda „Bohlin“. Der Dichterfürst schrieb über Susanne, die 17-jährig den Lobedaer Bürgermeister, Steuereinnehmer und Steuerrevisor Johann Justin Bohl geheiratet hatte: „Ein sittlicher Charakter, häußliche treue Thätigkeit zeichneten sie aus, ein zartes, frommes, dichterisches Talent, das ihren Pflichten keineswegs Eintrag that, machte sie bemerkbar. Gastfrey empfing sie jeden in ihrer reinlichen wohlgeordneten Wohnung [...]. Lange war ihr Haus ein lichter Punct in dem Saalthale [...]. Vor allem aber erregte sie den größten Antheil durch die unermüdliche Geduld, mit welcher sie häusliche Leiden an dem Gatten und Kindern, ja, an zahlreichen früh verwaisten Enkeln übertrug.“ Sie nannte ihn „meinen Goethe, meinen gütigen Freund“. Die „Bohlin“ war elf Jahre älter als der Geheimrat und starb an seinem 57. Geburtstag. Fortan half Goethe, wo immer er es vermochte, den Kindern und Enkelkindern, die seine treue Freundin hinterließ.

🕮 *Susanne Bohl, geb. Eberhardt, (1738-1806) erregte mit ihren Gedichten Goethes Aufmerksamkeit, der ihr Freund und ein häufiger Gast in ihrem Hause war.*

☞ *Jena-Lobeda. Bis zum Jahre 1948 nach der Stadtkirche Lobedas Kirchberg benannt.*

Blick auf die Susanne-Bohl-Straße mit der Peterskirche in Altlobeda.

Botzstraße

Carl Friedrich Christian Heinrich Botz ist der Schöpfer der Jenaer „Horizontale“ – des Wanderweges, den der am 7. Oktober 1858 ins Leben gerufene Jenaer Verschönerungsverein Mitte des 19. Jahrhunderts unter seiner technischen Leitung anlegte. Botz verdankt die Stadt viele Wege, die es dem Wanderer ermöglichen, sich die Jenaer Landschaft in so einzigartiger und vielseitiger Weise zu erschließen. Die erste Leistung vollbrachte der Verschönerungsverein 1859: In jenem Jahre erbauten die Mitglieder die Kernberghorizontale von Ziegenhain bis zur Diebeskrippe (erst 1892 wurde sie bis zum Fürstenbrunnen weitergeführt) sowie den Verbindungsweg vom Kernbergfuß zur Sophienhöhe. Die Stadtverwaltung Jena ehrte Botz und seine Frau seinerzeit „mit der unentgeltlichen Verleihung des Bürgerrechts“. 1864 wurde in Würdigung seiner Verdienste zudem eine Gedenktafel enthüllt. Seine letzte Ruhestatt fand Botz auf dem historischen Johannis-Friedhof.

🕮 *Carl Friedrich Christian Heinrich Botz (1804-1890). Der gebürtige Jenaer war unter anderem Chausseebaumeister, Großherzoglicher Baurat und ist seit 1875 Ehrenbürger der Stadt.*

☞ *Jena-West. Von 1891 bis 1959 Botzstraße; danach bis 1991 Dr.-Otto-Nuschke-Straße. Nuschke (1883-1957) war Vorsitzender der CDU und stellvertretender Vorsitzender des Ministerrates der DDR. Seit 1991 wieder Botzstraße benannt.*

Brehmstraße

„An Nachtigallen ist die jenaische Gegend ganz besonders reich. Es ist eine wahre Freude, zwei bis drei dieser königlichen Sänger miteinander wetteifern zu hören, und die vielen Nachtigallen, welche bey Jena schlagen, gereichen der Gegend zur ganz besonderen Zierde." Dies erkannte der als „Vogelpastor" bekannt gewordene Pfarrer und Ornithologe Christian Ludwig Brehm und hielt es 1837 in seiner Arbeit „Etwas über die Vögel bey Jena" fest. Er hatte von 1807 bis 1809 in Jena studiert, legte eine Sammlung von rund 15.000 Vogelbälgen an und verfasste über 200 Schriften. Sein Sohn Alfred Edmund trug sich am 26. April 1853 ins Matrikelbuch der Jenaer Universität für ein naturwissenschaftliches Studium ein. Er wohnte in der Saalstraße 4 und blieb für vier Semester in Jena. Am 1. Mai 1855 erhielt er von der Philosophischen Fakultät den Doktorgrad, dem eine Ehrendoktorwürde folgte. In seiner umfangreichen zoologischen Literatur nimmt das „Illustrierte Tierleben" (1. Auflage 1863 begonnen) einen dominierenden Platz ein.

🕮 *Christian Ludwig Brehm (1787-1864) gehörte zu den ersten deutschen Ornithologen, die moderne Feldforschung betrieben und die heimische Vogelwelt in freier Natur studierten.*

🕮 *Alfred Edmund Brehm (1829-1884), sein Sohn, wurde durch seine ausgedehnten Forschungsreisen und vor allem das „Illustrierte Tierleben" der bekannteste deutsche Zoologe.*

☞ *Jena-Winzerla. 1927 bis 1950 nach dem Thüringer Dichter Walter Flex (1887-1917) als Walter-Flex-Straße benannt.*

Carolinenstraße

Caroline Albertine – August Wilhelm Schlegels Gemahlin von 1796 bis 1801 und ab 1803 mit Friedrich Wilhelm Joseph von Schelling sechs Jahre verheiratet – steht in dem Ruf, eine der geistreichsten Frauen ihrer Zeit gewesen zu sein. Der Sprachwissenschaftler und Dichter Schlegel charakterisierte sie in seinem Roman „Lucinde" unter anderem folgendermaßen: „Überhaupt lag in ihrem Wesen jede Hoheit und Zierlichkeit, die der weiblichen Natur eigen sein kann, jede Gottähnlichkeit und jede Unart, aber alles war fein, gebildet und weiblich ..." Trotz dieser sehr romantisch gefärbten Liebeserklärung hatte die gemeinsame Ehe nicht lange Bestand. Mit dem um 12 Jahre jüngeren Philosophen von Schelling wurden der inzwischen 40-jährigen Caroline indes die Ehejahre zum „unerschöpflichen Brunnquell alles Herrlichen und Tröstlichen". Er nannte sie ein „eigenes Wesen", ein „seltenes Weib von männlicher Seelengröße, von dem schärfsten Geist, mit der Weichheit des weiblichsten, zartesten, liebevollsten Herzens vereinigt", und pries ihre „Gewalt, das Herz im Mittelpunkt zu treffen". Von Schelling (1775-1854) überlebte seine vielgeliebte Gattin, die im Alter von nicht einmal 46 Jahren starb, um 45 Jahre.

🕮 *Caroline Albertine Schlegel-Schelling, geb. Michaelis (1763-1809). Die Frühromantikerin hatte große Anteile am Schaffen Schlegels, der auch einige ihrer Werke unter seinem Namen veröffentlichte.*

☞ *Jena-Lobeda (Ost). Bis 1991 nach dem Biologieprofessor Schneider (1909-1970) Georg-Schneider-Straße benannt. Zuvor Straße Nr. 25.*

Charlottenstraße

Charlotte von Schiller, geb. von Lengefeld, schrieb neun Monate nach dem Tode ihres Ehegatten „mit Schmerzen nieder", dass beide am Montag, dem 22. Februar 1790, in der Kirche zu Wenigenjena (Jena-Ost) den Bund fürs Leben schlossen. „An Schillers Hand trat ich in die schmucklose Kirche ein und legte das Gelübde ab, ihm treu zu bleiben bis zum Tod ..." Die beschriebene Kirche lag seinerzeit weit außerhalb der Stadt. Diese Abgeschiedenheit kam Schiller indes sehr gelegen. Denn er, bereits 30 Jahre alt, war erst jetzt finanziell im Stande, seine geliebte Charlotte zu heiraten. Fünfzehn Jahre währte dieses Eheglück, ehe Schiller durch seinen allzu frühen Tod von ihrer Seite gerissen wurde. Charlotte – von Goethe „Lolo" genannt – überlebte ihren Gatten um 21 Jahre. „Vor dem Tod erschrickst du? Du wünschst, unsterblich zu leben? Leb im Ganzen! Wenn du lange dahin bist, es bleibt" – ein Distichon des großen Dichterfürsten.

🕮 *Charlotte von Schiller, geb. von Lengefeld (1766-1826), half Schiller gelegentlich bei seinen Werken und machte kleinere Übersetzungen. Sie wurde, entgegen ihrem Wunsch, nicht an seiner Seite, sondern in Bonn begraben.*

☞ *Jena-Ost, Wenigenjena. In der hier befindlichen Kirche wurde im Jahre 1909 der Saalstraße und dem sich anschließenden Teil der Schillerstraße dieser Name gegeben.*

Claudiusstraße

Matthias Claudius, als Sohn eines Pfarrers in Reinfeld bei Lübeck geboren, studierte von 1759 bis 1763 Theologie, Rechts- und Staatswissenschaften in Jena. Hermann Hesse schrieb über ihn: Claudius „ist nicht nur wegen der Wirkung, die er zu seiner Zeit auf viele getan hat, unvergessen geblieben, sondern seines Wesens wegen, in welchem ein beachtenswertes Stück Deutschtum Gestalt und Person geworden war. Fromm in tiefster Seele, mit einer gegen das Alter wachsenden Neigung zu einer herzlichen, doch engen Pietisterie, in den Wissenschaften nicht unterbewandert, voll Bedürfnis nach beständigem Umgang mit Büchern, mit Kunst, mit geistigen Menschen, blieb er doch ein Kind und ein Stück Volk". Claudius' Text „Der Mond ist aufgegangen" vertonten über zwanzig Komponisten – unter ihnen Franz Schubert, Johann Adam Hiller, Michael Haydn und Carl Reinecke. Die bis heute populärste und viel gesungene Weise komponierte jedoch 1790 Johann Abraham Peter Schulz.

🕮 *Matthias Claudius (1740-1815) war Lyriker, Publizist und unter anderem Herausgeber der renommierten literarischen Zeitschrift „Wandsbecker Bote".*

☞ *Jena, Ziegenhainer Tal. Bis 1946 nach dem Jagdflieger des Ersten Weltkriegs, Oswald Boelcke (1891-1916), Boelckeweg benannt.*

Siegfried-Czapski-Straße

Dr. Hans Boegehold, eine der Zeiß-Legenden, der „mit Bestürzung" vom plötzlichen und frühen Tode Siegfried Czapskis erfuhr, charakterisierte den unmittelbaren Nachfolger Ernst Abbes mit den Worten: „In ihm starb der Mann, der am engsten mit Abbe zusammengearbeitet und den Abbe als Verbreiter und Fortsetzer seines Lebenswerkes ausgebildet hatte." Moritz von Rohr, ebenfalls ein verdienstvoller Zeißianer, bezeichnete Czapski, der 1884 auf Empfehlung Hermann von Helmholtz' in die Firma Zeiß eingetreten und zum unentbehrlichen Assistenten Ernst Abbes geworden war, als einen Mitarbeiter, der sich „ungemein beweglichen Geistes, gleich von Beginn seiner Tätigkeit, dem Herbst 1884, den ihm anvertrauten Aufgaben mit dem größten Eifer hingegeben" habe. So war z.B. das von Czapski 1898 entwickelte binokulare Hornhautmikroskop das erste Zeiß-Produkt auf dem Gebiet der optischen Medizintechnik. Weitere große Verdienste erwarb er sich unter anderem bei der Entwicklung der Prismenfeldstecher.

🕮 *Siegfried Czapski (1861-1907), Mathematiker und Physiker, war einer der engsten Mitarbeiter Ernst Abbes und Verfasser zahlreicher Schriften zur Theorie der optischen Instrumente.*

☞ *Jena-Süd-West. Zuerst Straße Nr. 211, 1930 bis 1933 Czapskistraße, danach bis 1945 Holzweberstraße benannt. Der österreichische Nationalsozialist Franz Holzweber (1904-1934) war im Juli 1934 Anführer des gescheiterten Putsches im österreichischen Bundeskanzleramt und wurde wegen Hochverrats hingerichtet. Seit 1945 Siegfried-Czapski-Straße benannt.*

Berthold-Delbrück-Straße

Eine der Koryphäen der Jenaer Universität war Berthold Delbrück, der von 1870 bis 1912 an der Salana lehrte. Ihm wurden viele Huldigungen zuteil. Bereits im Alter von 31 Jahren Ordinarius, war er eine Zeit lang Prorektor der Alma mater jenensis. Trotz mehrerer Rufe anderer Universitäten blieb er Jena bis zu seinem Tode treu. Wenige Tage vor seinem 70. Geburtstag übergaben ihm Freunde und Schüler aus Dankbarkeit eine Festschrift. Und es waren noch mehr Ehrungen und Feierlichkeiten vorgesehen. Doch das gelang nur in schriftlicher Form – denn Delbrück war über alle Berge „geflohen“, dorthin, wo er sonst seinen Urlaub zu verbringen pflegte. Die weimarische Regierung gedachte sogar, ihn zum „Wirklichen Geheimen Rat“ mit dem Prädikat „Exzellenz“ zu ernennen. Dies lehnte Delbrück jedoch aus Bescheidenheit strikt ab.

🕮 *Berthold Delbrück (1842-1922) war ab 1869 Professor für vergleichende Sprachwissenschaft, Philologie und Sanskrit. Für seine Verdienste wurde ihm 1908 die Ehrenbürgerwürde der Stadt und zugleich die Ehrendoktorwürde der Juristischen Fakultät verliehen.*

☞ *Jena-Ost. 1936 bis 1945 Hans-Rickmers-Straße benannt. Rittmeister a.D. Johann (Hans) Rickmers (geb. 1881) war Teilnehmer des fehlgeschlagenen Hitlerputsches im November 1923 und wurde während der Unruhen in München getötet.*

Ein Blick von der Berthold-Delbrück-Straße hinüber zum Jenzig, dem „Hausberg" Jenas.

Eugen-Diederichs-Straße

Im Jahre 1904 siedelte der bekannte Verleger Eugen Diederichs mit seinem ursprünglich 1896 in Florenz gegründeten Verlag aus der Bücherstadt Leipzig nach Jena um. Diederichs berichtet darüber in seiner Biografie: „Es war ein Sonderzug von etwa zwanzig Güterwagen, der sich Ende März 1904 von Leipzig nach Jena zur Übersiedelung in Bewegung setzte, angefüllt mit Bücherballen, sperrigen Regalen, Kontormöbeln und dem Hausmobiliar des Chefs und der acht bis zehn Angestellten [...] Ich wollte einfach aus allerlei persönlichen Gründen mich in die Kleinstadt verpflanzen, und Jena schien als Universitätsstadt mir als geborenem Thüringer am geeignetsten. Auch zog mich seine klassische Tradition an ..." Mehr noch: Jena sei, so der Verleger, der „geistige Mittelpunkt Deutschlands", und er sehe seine Aufgabe darin, von Jena und seinem Verlag aus „Wege zu einer neuen deutschen Kultur" zu weisen. Diederichs' unermüdlichem Schaffen ist es zu verdanken, dass bis heute kaum ein anderer deutscher Verlag so stark mit dem Begriff des „Kulturverlages" verbunden ist.

🕮 *Eugen Diederichs (1867-1930), Herausgeber impressionistischer und neuromantischer Literatur, war in erster Ehe mit der Dichterin Helene Theodora Voigt und seit 1911 mit der Dichterin Lulu von Strauß und Torney verheiratet. 1927 erhielt er die Ehrenbürgerwürde.*

☞ *Jena-Ost. Von 1936 bis 1945 Ritter-von-Stransky-Straße benannt. Lorenz Ritter von Stransky (geb.1899) wurde als Teilnehmer des gescheiterten Münchner Nazi-Putsches im November 1923 während der Unruhen getötet.*

Der Löwen-Stein am Carl-Zeiß-Platz erinnert an die einstige Heimstatt des Eugen-Diederichs-Verlages.

Döbereinerstraße

Zeitgenossen sagten voraus, dass Johann Wolfgang Döbereiner „wie ein groß Gedicht siegreich hinschreitend durch Äonen gehen" werde. Er, der zu den hervorragendsten Chemikern seiner Zeit zählte, war Sohn eines Kutschers in der Stadt Hof und führte ein entbehrungsreiches Leben. Sein Freund Professor Oskar Ludwig Bernhard Wolff schrieb in einem poetischen Nachruf „Auf Döbereiners Tod" unter anderem: „Ein großer, reiner Mensch, mit Götterklarheit, mit einer zaubersichern Wunderhand, voll Licht, voll Lust, voll Liebe und voll Wahrheit; der, was er aus dem tiefen, dunkeln Schacht, wo die Geheimnisse der Schöpfung walten, mit kühnem, festem Griff heraufgebracht, der Welt hingab und Nichts für sich behalten; den stets es freut, wenn Andre Schätze hoben, wo er den Weg gebahnt mit heil'ger Kraft: Der, ob auch Lebenssorgen ihn umwoben, ein freier Fürst blieb freier Wissenschaft."

🕮 *Johann Wolfgang Döbereiner (1780-1849) war seit 1810 Professor der Chemie an der Universität und ein Freund Goethes. Er entdeckte unter anderem die katalytische Wirkung des Platins und erfand das so genannte Döbereiner-Feuerzeug.*

☞ *Jena-Süd. Bis 1938 Eduard-Rosenthal-Straße. Rosenthal (1853-1926), Jurist und Professor für öffentliches Recht, war Schöpfer der Thüringer Verfassung von 1921. Weil er jüdischer Abstammung war, wurde der Straßenname seinerzeit geändert.*

Das Döbereiner-Denkmal am Chemischen Institut der Universität.

Drevesstraße

Der in Hamburg geborene Leberecht Dreves schrieb den Text zu dem Lied „Auf den Bergen die Burgen“, das der Universitätsmusikdirektor Friedrich Wilhelm Stade (der ebenfalls mit einer Straße geehrt wird) vertonte. Und so liest sich das Lied: „Auf den Bergen die Burgen, im Tale die Saale, die Mädchen im Städtchen, einst alle wie heut. Ihr werten Gefährten, wo seid ihr zur Zeit mir, ihr Lieben, geblieben? Die einen, sie weinen, die andern, sie wandern, die dritten noch mitten im Wechsel der Zeit, auch viele am Ziele, zu den Toten entboten, verdorben, gestorben in Lust und Leid. Ich alleine, der eine, schau wieder hernieder zur Saale im Tale. Doch traurig und stumm, eine Linde im Winde, die wiegt sich und biegt sich, rauscht schaurig und traurig - ich weiß wohl, warum.“ Dreves, der Lieder, Lustspiele und Gedichte schrieb, war unter anderem mit dem Dichter Joseph Freiherr von Eichendorff befreundet, der sein Meister und Vorbild war.

🕮 *Leberecht Dreves (1816-1870) war Burschenschafter, studierte von 1836 bis 1838 in Jena Jura, promovierte in Heidelberg zum Dr. jur. und ließ sich 1939 in Hamburg als Advokat nieder.*

☞ *Jena-Ost. Die vorherige Straße Nr. 13 wurde 1915 zu Ehren Dreves' umbenannt.*

Die Drevesstraße im Kernbergviertel erinnert an den Dichter.

Heinrich-von-Eggeling-Straße

„Ist erst dem weiblichen Geschlecht die Pforte zu irgend welchen akademischen Studien eröffnet, so wird [...] durch das immer lauter werdende Schreien der Emanzipierten man gezwungen werden, auf immer mehr Gebieten beiderlei Geschlechts die Konkurrenz zu eröffnen. In solchem Nachgeben erblicke ich ein nationales Unglück ..." Das schrieb 1893 der Kurator der Jenaer Universität Johann Ernst August Heinrich von Eggeling und wandte sich damit scharf gegen die universitäre Ausbildung von Frauen. Trotz seiner ablehnenden Haltung wurden im Sommersemester 1902 die ersten Studentinnen an der Salana immatrikuliert. In einem Brief vom 25. Februar 1901 des damaligen Prorektors Heinrich Gelzer an den Altenburger Minister von Helldorf kommt die nicht gerade schmeichelhafte Meinung der Universität über Eggeling zum Ausdruck: „Der Kurator ist ein wohlgesinnter Mann, aber ganz ohne Initiative, schrecklich ängstlich gegen oben, und betrachtet sich nur als vorgeschobener Defensivposten der Regierung zur Abwehr jeder Geldbewilligung. Außerdem genießt er wenig Vertrauen ..." Hingegen erwarb sich Eggeling besondere Verdienste bei der Errichtung des Universitätshauptgebäudes und wurde bei dessen Einweihung 1908 zum Ehrenbürger ernannt.

🕮 *Johann Ernst August Heinrich von Eggeling (1838-1911) war ein Enkel des Philosophen Jakob Friedrich Fries und hatte in Jena studiert. 1866 bis 1880 war er Prinzenerzieher am Hof zu Meiningen, von 1884 bis 1909 Kurator der Universität Jena.*

☞ *Jena-Ost. Bis 1945 Theodor-Casella-Straße benannt. Casella (geb. 1900) kam 1923 als Teilnehmer des gescheiterten Münchner Hitler-Putsches ums Leben.*

Rudolf-Eucken-Straße

Der im friesischen Aurich geborene Rudolf Eucken kam 1874 als Professor für Philosophie nach Jena. Der Schöpfer einer metaphysisch-idealistischen Lebensphilosophie zählte zu den Wissenschaftlern der Universität, die zudem international hohes Ansehen genossen. Eucken schrieb in seinen „Lebenserinnerungen", seine Erkenntnisse über die Saalestadt reflektierend, u.a.: „Das Grundelement der jenaischen Luft und Art ist volle geistige Freiheit [...] Dazu kam die große Tradition, die jedem einzelnen hohe Maße vorhält, endlich – und das besonders – die wundervolle Natur, die sich eng dem Menschen anschmiegt." Weil Max Reger (nach dem ebenfalls eine Jenaer Straße benannt ist) viele Jahre lang sein Freund gewesen war, sprach Rudolf Eucken zur Trauerfeier des Komponisten am 14. Mai 1916 in Jena Worte des Gedenkens. 1920 ließ sich Eucken emeritieren, um sich durch Vortrags- und literarische Tätigkeit ganz der Arbeit für die seines Erachtens durch die Katastrophe des Kriegs noch stärker gefährdete Menschheit widmen zu können.

🕮 *Rudolf Eucken (1846-1927), seit 1874 Professor für Philosophie, erhielt 1908 den Nobelpreis für Literatur für seine wissenschaftlichen Arbeiten. Der 1916 mit der Ehrenbürgerwürde Geehrte war zudem einer der Ersten, die sich für das Frauenstudium einsetzten.*

☞ *Jena-West, Friedensberg. 1927 Umbenennung der Straße Nr. 236 zunächst in Euckenstraße, dann in Rudolf-Eucken-Straße.*

Fichteplatz

Johann Gottlieb Fichte lehrte von 1794 bis 1799 an der Jenaer Universität. Aus den Jenaer „Vorlesungen über die Bestimmung des Gelehrten“ sei Folgendes zitiert: „Es ist ein stärkender, seelenerhebender Gedanke, den jeder unter Ihnen haben kann, welcher seiner Bestimmung werth ist: auch mir an meinem Theile ist die Kultur meines Zeitalters und der folgenden Zeitalter anvertraut; auch aus meinen Arbeiten wird sich der Gang der künftigen Geschlechter, die Weltgeschichte der Nationen, die noch werden sollen, entwickeln. Ich bin dazu berufen, der Wahrheit Zeugnis zu geben; an meinem Leben und an meinen Schicksalen liegt nichts; an den Wirkungen meines Lebens liegt unendlich viel [...] Hinstehen und klagen über das Verderben der Menschen, ohne eine Hand zu regen, um es zu verringern, ist weibisch. Strafen und bitter höhnen, ohne den Menschen zu sagen, wie sie besser werden sollen, ist unfreundlich. Handeln! Handeln! Das ist es, wozu wir da sind.“

🕮 *Johann Gottlieb Fichte (1762-1814) war einer der wichtigsten Vertreter des deutschen Idealismus. In Jena schuf er die Grundlagen für seine Wissenschaftslehre des Naturrechts und der Sittenlehre.*

☞ *Jena-West. 1923 wurde der Platz zu Ehren Fichtes benannt.*

Der Fichteplatz am Magdelstieg nach Westen hin.

Gustav-Fischer-Straße

Der Verleger und Buchhändler Gustav Fischer schrieb seinerzeit in einem Brief: „Besten Dank für Ihren freundlichen Glückwunsch zu meiner Acquisition. Ich weiß wirklich nicht so recht, ob ich mich über meinen Erwerb freuen soll; die Aussicht, nunmehr wohl für längere Jahre in Jena gebunden zu sein, will mir manchmal nicht gefallen.“ Ende der 70er-Jahre des 19. Jahrhunderts nach Jena gekommen, war Fischer noch keine 40 Jahre alt. Das Jenaer Klima machte ihm indes gesundheitlich zu schaffen. Er litt an Rheumatismus, den er grimmig als die „Jenaer Lokalkrankheit“ bezeichnete. Zusammen mit seiner Frau Minna suchte er deshalb regelmäßig in den Alpen und in Italien Linderung seines Leidens.

🕮 *Gustav Fischer (1845-1910) war Verlagsbuchhändler, Gründer sowie erster Leiter der nach ihm benannten wissenschaftlichen Verlagsanstalt in Jena. Für seine Verdienste wurde ihm 1902 die Ehrenbürgerwürde verliehen.*

☞ *Jena-Süd. Die Namensgebung erfolgte 1912. Ein Straßenstück der Gustav-Fischer-Straße erhielt 1994 den Namen des Sanitätsrates Prof. Dr. Gustav Eichhorn (1862-1929).*

Der südliche Teil der Gustav-Fischer-Straße.

Fregestraße

Friedrich Gottlob Frege galt als ein stiller und bescheidener Mensch, weshalb er es lediglich bis zum „ordentlichen Honorarprofessor" brachte – 22 Jahre nach seiner Habilitation. Über Beförderungen an der Universität befand seinerzeit der Geheime Staatsrat Eggeling, seines Zeichens Kurator. Er gelangte am 3. Juni 1908 zu dem eklatanten Fehlurteil, das in der Behauptung gipfelte, er, Eggeling, könne „Herrn Frege zu keiner Auszeichnung vorschlagen, da dessen Lehrtätigkeit untergeordneter Art und für die Universität ohne besonderen Vorteil ist". So blieb es dem 1918 emeritierten Frege – der einst von seinem Wismarer Lehrer, dem Mathematiker Leo Sachse, zum Studium in Jena bewogen wurde – beschieden, erst nach seinem Tode als bedeutender Forscher auf dem Gebiet der höheren Mathematik anerkannt zu werden. Allerdings nicht von Kurator Eggeling, sondern von denen, die auf seiner modernen mathematischen Logik aufzubauen verstanden und ihm damit ein bleibendes Denkmal setzten.

📖 *Friedrich Gottlob Frege (1848-1925) lehrte seit 1879 an der Universität Mathematik und Philosophie und gilt als Mitbegründer der modernen mathematischen und formalen Logik.*

☞ *Jena-Lobeda (West). Bis 1991 Nikolai-Ostrowski-Straße benannt. Der sowjetische Schriftsteller Ostrowski (1904-1936) wurde in der DDR vor allem durch seinen Pflichtlektüre-Roman „Wie der Stahl gehärtet wurde" bekannt.*

Johann-Friedrich-Straße

Vier Jahre nach dem Tod des Kurfürsten Johann Friedrich I. erhielt die Jenaer Lehranstalt im Jahre 1558 von König Ferdinand I. das Privileg einer Universität verliehen. Die „Hohe Schule“ (Collegium Jenense), die der im Volksmund „Hanfried” genannte Kurfürst 1548 als Ersatz für die in der Auseinandersetzung mit Kaiser Karl V. verloren gegangene Universität Wittenberg ins Leben gerufen hatte, ist der eigentliche Ursprung der heutigen Friedrich-Schiller-Universität. Den Namenszusatz „der Großmütige“ brachte ihm seine Glaubenszuversicht und Gelassenheit nach der 1547 verlorenen Schlacht bei Mühlberg (die ihn Land und auch die Kurwürde kostete) im Schmalkaldischen Krieg ein. Martin Luther charakterisierte 1540 Johann Friedrich I. auf seine gewohnt respektlos-humorige Art und Weise: „Wahrlich, wir haben einen Fürsten mit vielen feinen Gaben von Gott begnadet. Er hat einen züchtigen Mund, man hört kein unhübsch noch unehrlich und unzüchtig Wort noch Fluchen von ihm; er trägt eine große, schwere Last und die allein; hält Treu und Glauben, was er zusaget; und beginnet jetzt denen vom Adel auf die Garen (Garne = Ränke, d.V.) zu sehen [...]. Einen Mangel hat er, daß er gerne bauet und trinket, wiewohl ein solcher großer Leib will etwas mehr haben denn ein kleiner [...]. Sonst arbeitet er wie ein Esel.“

🕮 *Johann Friedrich I. „der Großmütige“ (1503-1554), seit 1532 Kurfürst von Sachsen, ab 1547 nur noch Herzog von Sachsen, war ein treuer Anhänger Luthers und einer der wichtigsten weltlichen Führer der protestantischen Bewegung.*

☞ *Jena-West. Die Namensgebung der Straße erfolgte im Jahre 1906.*

Das „Hanfried“ genannte Denkmal für Kurfürst Johann Friedrich I. auf dem Marktplatz.

Friesweg

Gerade erst 15 Lebensjahre zählte Karoline Erdmann, als sie der 14 Jahre ältere Jakob Friedrich Fries kennen- und lieben lernte. Knapp drei Jahre danach hielt der Philosoph um ihre Hand an. Karoline und ihre Eltern willigten in die Heirat ein. Acht Kindern schenkte Karoline das Leben; drei davon starben kurz nach der Geburt. Doch das sonstige Glück von Jakob und Karoline währte nur 12 Jahre: Eine Masern- und Scharlachepidemie raffte die erst 32-jährige dahin. Fries, nach dem jähen Tod seiner über alles geliebten Gattin zutiefst deprimiert, schrieb seinem Freund Carl Adolph Gerhard von Zezschwitz: „Jetzt aber, da mir Karoline ohne alle Vollendung meines Lebens mit ihr entzogen ist, fühle ich mich nicht hinausgetrieben zu Beruf und Tat, sondern geringfügig und gleichgültig erscheint mir das Erdenleben mit seinen Zwecken, und der Tod ist mir befreundeter." 1837 steht in Fries' Aufzeichnungen das niedergeschlagene Bekenntnis: „Ich bin nach Karolines Tod nie wieder ganz aus Herzensgrunde vergnügt gewesen."

🕮 *Jakob Friedrich Fries (1773-1843), ab 1801 Privatdozent und ab 1816 Professor der Philosophie an der Salana, galt zwischen 1817 und 1819 als Deutschlands wirksamster philosophischer Hochschullehrer.*

☞ *Jena-Nord. Bis 1914 Straße Nr. 463 benannt.*

Das Denkmal für Jakob Friedrich Fries an der „via triumphalis" am Fürstengraben.

Frommannstraße

Karl Friedrich Ernst Frommann zog 1798 mit seiner Familie von Züllichau in der Mark Brandenburg nach Jena. Sein Haus wurde der Treffpunkt des Jenaer Goethekreises. Hier fanden sich literarisch und künstlerisch interessierte Frauen und Männer ein, wie z.B. Knebel, Jean Paul, Griesbach, Hufeland, Loder, Oken, Fichte und Schelling. Goethe, der in diesem Hause die Pflegetochter Frommanns, Wilhelmine Herzlieb, genannt Minchen, kennen lernte und eine innige Zuneigung zu ihr entwickelte, schrieb einst an den Freund: „Was in Deutschland Namen hat, hat dort verkehrt [...]. Ich habe dort schöne Abende verlebt." Der Philosoph Friedrich Wilhelm Joseph von Schelling (1775-1854) teilte Frommann im Jahre 1808 mit: „Unter meinen angenehmsten Erinnerungen an Jena steht Ihr Haus und Ihre mir bezeigte Freundschaft obenan." Und der Dichter Ludwig Tieck (1773-1853) kam zu der Erkenntnis: „Ich denke immer mit Freude und Rührung an meinen Aufenthalt dort."

📖 *Karl Friedrich Ernst Frommann (1765-1837) war Verleger und Buchhändler.*

☞ *Jena-West. 1898 wurde die vormalige Straße Nr. 19 nach Frommann benannt.*

Das Frommann'sche Haus am Fürstengraben war der Treffpunkt des Jenaer Goethekreises.

Heinrich-Funk-Weg

Wenn Heinrich Funk über seine Tonkunst reflektierte, meinte er: „Das habe ich mit meiner Musik gesagt. Sie sollte eigentlich für sich selbst sprechen und gerade bei einem Werk, das sich auf mehr oder minder allgemein bekanntes Melodiengut stützt. Die Form der Variation, von den Klassikern entwickelt und von Brahms sowie Reger zu kunstvoller Höhe geführt, hat mich stets angezogen." Seine „Toscanischen Lieder" entstanden, nachdem er ein Bändchen Liebesgedichte aus dieser italienischen Region entdeckt und gelesen hatte. Bei einer Reise durch die damalige Tschechoslowakei stieß er auf die „Lachschatulle", die er ebenfalls vertonte. Darin heißt es überaus romantisch: „Eine feste Brücke zwischen zwei Ufern ist die Liebe. Das bin ich, und das bist du. Die Pfeiler stehen unbewegt, selbst wenn ein trüber Strom sich den Weg zwischen ihnen bricht."

🕮 *Heinrich Funk (1893-1981) war Komponist, Musikkritiker und -pädagoge.*

☞ *Jena-Zwätzen. Der im Wohngebiet „Himmelreich" neu entstandene Weg erhielt 1997 Funks Namen.*

Goethestraße

„Edel sei der Mensch, hilfreich und gut! Denn das allein unterscheidet ihn von allen Wesen, die wir kennen“, schrieb Goethe in seinem Gedicht „Das Göttliche“. Er selbst lebte nach diesem Imperativ und ging mit gutem Beispiel voran, wenn es darum ging, jenen zur Seite zu stehen, die in Not geraten waren. So ist überliefert, dass der Dichter vor allem im Jahre 1806 der Jenaer Universität große Unterstützung angedeihen ließ. Insbesondere jene Professoren, die Hilfe bitter nötig hatten, unterstützte er aus öffentlichen und sogar privaten Mitteln. „Es war, als wenn nach dem fürchterlichsten Sturm der erste Sonnenstrahl wieder durch die Wolken bricht“, schrieb einst aufatmend der Physiker Voigt. Goethe verpflichtete systematisch bedeutende Forscher und sorgte für Bibliotheken, Laboratorien und naturkundliche Archive. Unter seinem Einfluss wurden Chemie, Mineralogie und Botanik zu Lehrfächern an der Salana. Ihm ist es ebenfalls mit zu verdanken, dass sich Jena – von ihm stolz „Stapelplatz des Wissens und der Wissenschaft" genannt – im 18. Jahrhundert durchaus mit den renommierten Universitäten von Paris und London messen konnte. Den noch heute im Botanischen Garten zu besehenden Ginkgobaum soll er als ersten dieser Art in Europa gepflanzt haben.

🕮 *Johann Wolfgang von Goethe (1749-1832), Poet, Naturwissenschaftler, Kunsttheoretiker und Staatsmann, gilt als größter deutscher Dichter und herausragende Persönlichkeit der Weltliteratur.*

☞ *Jena-Innenstadt. 1991 nach dem Dichter benannt und heute besser als Goethe-Galerie bekannt.*

Der Eingang zur Goethe-Galerie am Carl-Zeiß-Platz.

Johann-Griesbach-Straße

Der aus dem hessischen Butzbach gebürtige Johann Jakob Griesbach war einer der angesehensten Professoren der Jenaer Universität, an der er bis zu seinem Tode lehrte. Er hätte es gern gesehen, wenn sein Schüler Johann Philipp Gabier die vakante theologische Professur erhalten hätte. Diesem wurde jedoch Heinrich Eberhard Gottlob Paulus vorgezogen. Das missfiel Griesbach im höchsten Maße. Deshalb ließ er fortan an Paulus keinen guten Faden, was dessen Befürworter allerdings nicht dazu bewog, von ihrem Auserwählten abzulassen. Dieses Tauziehen war jedoch bald beendet. Abgesehen davon ärgerte es Griesbach schon seit langem, dass Hasen und Kaninchen in seinem Garten ihr Unwesen trieben und großen Schaden anrichteten. Doch war es ihm verboten, mit der Flinte für Ordnung zu sorgen. Das wusste der Staatsminister Voigt und stellte sich listigerweise auf Griesbachs Seite, indem er Herzog Carl August ersuchte, dem Jenaer Professor freie Schussbahn zu verschaffen. Das gelang: Damit kam Paulus aus der „Schusslinie“ Griesbachs, der nun abgelenkt war und gegen die lästigen Gartenräuber vorgehen konnte. Voigt berichtete Goethe zufrieden: „Es ist immer besser, Griesbach schießt auf Hasen und Kaninchen als auf Paulus.“

📖 *Johann Jakob Griesbach (1745-1812) war seit 1775 Theologieprofessor an der Universität und gilt als einer der Bahnbrecher der neutestamentlichen Textkritik.*

☞ *Jena-Nord. Vor 1927 Straße Nr. 465, zeitweise auch schlicht Griesbachstraße benannt.*

Griesbachs Gartenhaus neben dem Planetarium.

Ernst-Haeckel-Platz / Ernst-Haeckel-Straße

Ernst Haeckel wollte sich in Jena anatomischen und histologischen Studien widmen und erwartete dabei Unterstützung von seinem Freund Carl Gegenbauer (1826-1903), einem Professor der Anatomie. Begeistert schrieb Haeckel seiner Braut Anna: „Mit welchen hoffnungsvollen Gefühlen ich in das geliebte/herzige Jena einzog, kannst Du Dir denken. E. H., ordentlicher öffentlicher Professor für Zoologie und vergleichende Anatomie, summte mir immerzu die Hoffnung in die Ohren. Nur Du fehlst mir in diesem Paradies." Um so enttäuschter war er von Gegenbauer und Kurator Moritz Seebeck. Denn diese bedeuteten Haeckel, auf sein Verlöbnis anspielend, dass eine Ehe ernsthafter wissenschaftlicher Arbeit abträglich sei. Doch Irrtum macht eben auch vor Professoren nicht halt: Haeckel bewies, dass beruflicher Erfolg und glückliches Privatleben einander nicht ausschließen. Die Ehe mit Agnus Huscke – seine erste Frau war bereits knapp zwei Jahre nach der Hochzeit gestorben – währte 48 Jahre, und ihr entsprossen drei Kinder.

🕮 *Ernst Haeckel (1834-1919), ab 1862 Professor für Zoologie, gilt als bedeutendster deutscher Vertreter der Evolutionstheorie. 1884 richtete er das Zoologische Institut ein, 1908 stiftete er das Phyletische Museum.*

☞ *Jena-Innenstadt. Der Ernst-Haeckel-Platz wurde 1903 benannt.*
☞ *Jena-Süd. Der zuvor Biedermannsweg benannte Weg erhielt 1894 den Namen Ernst-Haeckel-Straße.*

Das „Villa Medusa“ genannte Ernst-Haeckel-Haus oberhalb der Ernst-Haeckel-Straße ist heute Sitz des Institutes für Geschichte der Medizin, Naturwissenschaften und Technik der Universität.

Arvid-Harnack-Straße

„Meine Lieben! In den nächsten Stunden scheide ich aus dem Leben. Ich möchte Euch noch einmal für alle Liebe danken, die Ihr mir erwiesen habt. Der Gedanke an sie hat mir alles Schwere leicht gemacht. So bin ich ruhig und glücklich. Auch denke ich an die gewaltige Natur, mit der ich mich so verbunden fühle. Heute morgen habe ich laut vor mir hergesagt: 'Die Sonne tönt nach alter Weise ...' Vor allem aber denke ich daran, daß die Menschheit sich im Aufstieg befindet. Das sind die drei Wurzeln meiner Kraft." Diese gefassten Zeilen schrieb der Oberregierungsrat im Berliner Reichswirtschaftsministerium, Arvid Harnack, kurz vor seiner Hinrichtung am 22. Dezember 1942. Von der Abwehr als Mitglied der Widerstandsgruppe um Harro Schulze-Boysen enttarnt, war er vom Reichskriegsgericht zum Tode verurteilt worden. Seine aus den USA gebürtige Frau Mildred, die ebenfalls der Gruppe angehörte, wurde zunächst zu sechs Jahren Zuchthaus verurteilt; jedoch hob Hitler persönlich wenig später das Urteil auf und bestand auf der Todesstrafe, die am 16. Januar 1943 vollstreckt wurde.

🕮 *Arvid Harnack (1901-1942) studierte von 1920 bis 1923 Rechtswissenschaft in Jena und bestand hier 1933 das Assessorexamen. Der Jurist und Ökonom promovierte zum Dr. jur. und Dr. phil.*

☞ *Jena-Nord. Bis 1952 nach der Erbgroßherzogin Pauline von Sachsen-Weimar (1852-1904) Paulinenstraße benannt.*

Die Arvid-Harnack-Straße von Westen aus gesehen.

Von-Hase-Weg

Als Burschenschafter hatte Karl August von Hase noch 1824/25 auf dem „Hohenasperg" in Kerkerhaft gesessen. 1829 wurde der junge evangelische Theologe bereits an die Jenaer Universität berufen. Diesen Ruf nahm er indes nur unter der Bedingung an, dass ihm vor Amtsantritt ein einjähriger bezahlter Urlaub für eine bereits vorbereitete Italienreise gewährt würde. In seinem Haus in der Unterlauengasse ließ er ein eigenes Auditorium, das damals größte in Jena, einrichten. Sommers weilte er in seiner Villa am Landgrafenberg. 1833 wurde er ordentlicher Honorarprofessor und 1836 ordentlicher Professor. Der tüchtige Dozent (er trat erst nach 60 Jahren Dozententätigkeit in den Ruhestand) und vielfache Buchautor gehörte zu den hervorragenden Persönlichkeiten der Salana und genoss sowohl bei den Gelehrten als auch unter den Studenten großes Ansehen. Das hinderte einige Studiosi keinesfalls daran, dem Professor die Fenster einzuwerfen. Von Hase sann auf „Rache". Nach Semesterschluss lud er seine Studenten zu einem gemütlichen Abend in sein Gartenhaus ein. Ein Student bekam ein Etui, in dem sich eine goldene Krawattennadel mit einem Brillanten befand. Auf einem beigelegten Zettel war zu lesen: „Die Steine, die durchs Fenster pfiffen, die Steine waren ungeschliffen."

📖 *Karl August von Hase (1800-1890) gilt als der führende deutsche Kirchenhistoriker des 19. Jahrhunderts und erwarb viele Titel und Ehrungen – unter anderem 1880 auch die Ehrenbürgerwürde Jenas.*

☞ *Jena-Nord. 1912 zu Ehren von Hases benannt. 1944 nach Günther Korten (1908-1944), Chef des Generalstabs der Luftwaffe, in Generaloberst-Korten-Weg umbenannt. 1945 erfolgte die Rückbenennung in Von-Hase-Weg.*

Die Porträtbüste Karl von Hases am Fürstengraben erinnert an den großen Kirchenhistoriker.

Hegelstraße

1801 ließ sich der aus Stuttgart gebürtige Philosoph Georg Wilhelm Friedrich Hegel als Privatdozent in Jena nieder, wo er sich im selben Jahr habilitierte. Hier konnte er der Förderung Goethes sicher sein: 1805 wurde er zum außerordentlichen Professor für Philosophie ernannt, und ein Jahr später bekam er jährlich einhundert Taler Salär zugestanden. Goethe setzte ihn darüber mit den Worten in Kenntnis: „Sehen Sie Beikommendes als einen Beweis an, daß ich nicht aufgehört habe, im Stillen für Sie zu wirken. Zwar wünschte ich mehr anzukündigen, allein in solchen Fällen ist manches für die Zukunft gewonnen, wenn einmal der Anfang gemacht ist." Dieses Geld reichte Hegel jedoch nicht aus. Also richtete er 1807 an Goethe die Bitte, seinem Urlaubsgesuch zuzustimmen, und ging nach Bamberg. Goethe schrieb später: „Daß Hegel nach Bamberg gegangen, um den Druck seiner Werke zu sollizitieren, ist mir sehr lieb. Ich verlange endlich einmal eine Darstellung seiner Denkweise zu sehen. Es ist ein so trefflicher Kopf, und es wird ihm schwer, sich mitzuteilen."

📖 *Georg Wilhelm Friedrich Hegel (1770-1832), der 1818 die Nachfolge Johann Gottlieb Fichtes auf dem Lehrstuhl für Philosophie an der Berliner Universität antrat, wird als einer der bedeutendsten Repräsentanten der deutschen idealistischen Philosophie angesehen.*

☞ *Jena-Zwätzen/Nord. Die neu angelegte Straße erhielt im Jahre 1999 Hegels Namen.*

Hölderlinweg

Vom November 1794 bis Juni 1795 in Jena weilend, schrieb der 24-jährige Friedrich Hölderlin an seinen Freund Neuffer, dass er hier glücklich und auch bei Schiller schon einige Male gewesen sei – „das erste Mal eben nicht mit Glück. Ich trat hinein, wurde freundlich begrüßt und bemerkte kaum im Hintergrunde einen Fremden, bei dem keine Miene, auch nachher lange kein Laut, etwas Besonderes ahnen ließ. Schiller nannte mich ihm, nannt' ihn auch mir, aber ich verstand seinen Namen nicht". Die Begrüßung sei kühl gewesen. Der Fremde habe lange kein Wort gesprochen, sich erst später bei Hölderlin nach der Frau von Kalb erkundigt. Hölderlin, so erinnerte sich wiederum der Fremde, habe ihm nur einsilbige Antworten gegeben. Mit Schiller sei ein Gespräch über das Theater in Weimar zu Stande gekommen; „der Fremde ließ ein paar Worte fallen, die gewichtig genug waren, um mich etwas ahnden zu lassen, aber ich ahndete nichts". Hölderin ging und erfuhr noch am gleichen Tage, wer der Fremde gewesen war: Goethe. „Der Himmel helfe mir, mein Unglück und meinen dummen Streich gutzumachen, wenn ich nach Weimar komme", wehklagte Hölderin. Zwar kam es noch zu einigen Begegnungen, keine jedoch brachte beide Dichter einander näher. Am 15. Mai 1795 an der Salana immatrikuliert, verfasste Hölderlin in Jena einen Teil seiner patriotischen Hymnen.

🕮 *Johann Christian Friedrich Hölderlin (1770-1843). Der begabte Poet und bedeutendste deutsche Odendichter erlitt 1806 einen psychischen Zusammenbruch und dämmerte bis zu seinem Tode in geistiger Umnachtung.*

☞ *Jena-Ost. Der Fußweg von der Schützenstraße bis zur Leo-Sachse-Straße erhielt 1927 den Namen Hölderlins.*

Ricarda-Huch-Weg

Auf der Gedenktafel am Ricarda-Huch-Weg 26 liest man: „In diesem Hause wohnte die Dichterin und Historikerin Dr. phil. Dr. h.c. Ricarda Huch von 1939 bis 1947.“ Drei Jahre zuvor nach Jena gezogen, schrieb sie nach dem Einzug in dieses Gebäude am 1. September 1939, dem Tag des Ausbruchs des Zweiten Weltkrieges: „Wir haben soviel zu tun, daß wir vom Ernst der Zeit noch nicht viel gemerkt haben [...]. 50 Kisten standen im Garten, nur zum Teil vor Regen geschützt, jetzt ist es nur noch die Hälfte. Wir schleppen zu viert den ganzen Tag die Bücher hinauf, doch ich beschränke mich auf das Abstauben ...“ Eine Woche später teilte Ricarda Huch mit: „Wir genießen das strahlende Wetter – so lange schmerzlich entbehrt – und das eigene Heim, sogar mit Garten, worauf wir kaum noch zu hoffen wagten.“ Zu ihrem 82. Geburtstag am 18. Juli 1946 wurden ihr viele Ehrungen zuteil. Voller Freude stellte Huch fest: „Ein Strom von Blumen stürzte in unsere Hütte [...], alle wundervoll.“ Auf dem 1. Deutschen Schriftstellerkongreß vom 4. bis 8. Oktober 1947 in Berlin wurde sie zur Ehrenpräsidentin gewählt. Kurz darauf siedelte sie nach Frankfurt am Main über. Freunden schrieb sie, es sei ihr „schrecklich schwer“ gefallen, sich „von Jena zu trennen“. Am 17. November verstarb die Dichterin in Schönberg (heute Ortsteil von Kronberg) im Taunus.

🕮 *Ricarda Huch (1864-1947), Dichterin und Historikerin, promovierte in Jena als eine der ersten Frauen in Deutschland zum Doktor der Philosophie. 1946 erhielt sie die Ehrendoktorwürde der Salana zuerkannt. Mit ihren lyrischen Werken gilt sie als Begründerin der Neuromantik.*

☞ *Jena-Nord. Bis 1947 war der Ricarda-Huch-Weg noch ein Teil des oberen Philosophenweges (ab der Kreuzung Dornbluthweg).*

Ein Blick in den Ricarda-Huch-Weg.

Hufelandweg

1793 auf Betreiben des sächsischen Herzogs Karl August als Professor an die Jenaer Universität berufen, wirkte Christoph Wilhelm Hufeland bis 1798 an der Salana. Während dieser Zeit verfasste er sein Hauptwerk „Die Kunst, das menschliche Leben zu verlängern" (auch bekannt unter dem Kürzel „Makrobiotik"), das ihn 1797 weltberühmt machte. In seiner Autobiographie schrieb er rückblickend: „Hier darf ich aber nicht unerwähnt lassen, daß schon in den letzten vier Jahren meines weimarischen Lebens die Grundideen meiner Makrobiotik (Kunst, das Leben zu verlängern, d.V.) und Pathogenie (Lehre von der Krankheitsentstehung, d.V.) sich in mir erzeugten und in den frühen Morgenstunden von mir niedergeschrieben wurden ..." In Jena fanden „meine Vorlesungen [...] mehr Beifall, als ich erwartet hatte und verdiente, besonders die Makrobiotik, die ich in dem großen Auditorium vor bis 500 Zuhörern öffentlich vortrug und die, wegen ihrer moralischen Tendenz, die sie auf die Jugend haben mußte, mir viel Freude machte und Segen brachte ...". Einer von Hufelands eingängigen und heute immer noch gültigen Grundsätzen lautete: „Vorbeugen ist besser als Heilen!"

🕮 *Christoph Wilhelm Hufeland (1762-1836) gilt als einer der Väter der Naturheilkunde und zählt mit seinen über 400 Schriften zu den bedeutendsten Autoren der Medizingeschichte.*

☞ *Jena-Nord. Bis 1910 Steingraben benannt.*

Unterhalb des Nordfriedhofes erinnert der Hufelandweg an den Vater der Naturheilkunde.

Humboldtstraße

„Humboldt ist mir eine unendlich angenehme und zugleich nützliche Bekanntschaft, denn im Gespräch mit ihm entwickeln sich alle meine Ideen glücklicher und schneller", lobte Friedrich Schiller seinerzeit Wilhelm, den älteren der beiden Humboldt-Brüder. Wilhelm von Humboldt lebte von 1794 bis 1797 mit seiner Frau Caroline von Dacheröden in Jena und betätigte sich unter anderem als kritischer Berater und Mitarbeiter von Schiller und Goethe. Sein Bruder Alexander wohnte während seines Jena-Aufenthaltes 1794 in der damaligen Postgasse (heute Ludwig-Weimar-Gasse). Er hörte an der Salana unter anderem Vorlesungen in vergleichender Anatomie und Astronomie und verkehrte ebenfalls oft mit Schiller, der nur wenig entfernt am Markt seine Wohnung hatte. 1806 schrieb Alexander von Humboldt in einem Brief an Karoline von Wolzogen rückblickend: „In den Wäldern des Amazonasflusses wie auf dem Rücken der hohen Anden erkannte ich, [...] wie mächtig jene Jenaer Verhältnisse auf mich gewirkt ..." Ein Beweis dafür, wie sehr die Stadt und ihre freie geistige Atmosphäre den weit gereisten Naturforscher beeindruckt und angeregt haben muss.

📖 *Friedrich Wilhelm Christian Karl Ferdinand Freiherr von Humboldt (1767-1835), preußischer Staatsmann, Diplomat, Sprach- und Kunstwissenschaftler, war seinerzeit einer der wichtigsten Vertreter eines humanistischen Bildungsideals.*

📖 *Friedrich Heinrich Alexander Freiherr von Humboldt (1769-1859), Forschungsreisender, gilt als einer der bedeutendsten deutschen Naturforscher und ist der Begründer der physischen Geografie.*

☞ *Jena-West. 1891 wurde die Straße nach Wilhelm von Humboldt benannt.*

Das einstige Oberlandesgerichtsgebäude zwischen Humboldtstraße und August-Bebel-Straße.

Jahnplatz / Jahnstraße

Bereits 1798 weilte der 20-jährige Friedrich Ludwig Jahn zum ersten Mal in Jena. 1806 zurückgekehrt, erlebte er, der sich eigentlich auf seine akademische Laufbahn vorbereitete, die Niederlage der Blücher'schen Truppen gegen Napoleon in der Schlacht von Jena und Auerstedt unmittelbar mit. Er entkam nur der Gefangennahme, weil er sich in der Schlacht unter den Toten versteckte; ergraute aufgrund der erlebten Schrecken jedoch über Nacht. Am 23. März 1816 schrieb Jahn an den Jenaer Professor Heinrich Luden: „Diese Ostern werden zwei meiner vorzüglichsten Turner nach Jena kommen, um die Hohe Schule zu besuchen." Zwei Jahre später erklärte der „Turnvater": „Gehen, Laufen, Springen, Werfen sind kostenlose Übungen – überall anwendbar, umsonst wie die Luft [...]. Jeder hat sie nötig." Über diese Bestrebungen hinaus war der rastlose Jahn 1810 Mitbegründer des Deutschen Bundes, Bataillonskommandeur des Lützow'schen Freicorps und zeitlebens Kämpfer für die deutsche Einheit in einem Rechtsstaat mit einer Verfassung. Es waren Jenaer Studenten, die fünf Jahre nach Friedrich Ludwig Jahns Tod als Erste vorschlugen, dem Turnvater in Freyburg an der Unstrut, seinem langjährigen Wohnsitz, ein Denkmal zu errichten. Die Universität verlieh ihm zudem 1817 die Ehrendoktorwürde.

🕮 *Friedrich Ludwig Jahn (1778-1852) ist der Begründer der bürgerlichen Turnbewegung, gilt als geistiger Vater der Burschenschaften und wichtiger Vorkämpfer für die Einheit Deutschlands.*

☞ *Jena-West. 1895 erhielt die Straße entlang der Leutra und 1997 das bis dahin Brückenplatz genannte Terrain seinen Namen.*

Klopfleischstraße

Der Privatdozent und (ab 1875) außerordentliche Professor der Kunstgeschichte Friedrich Klopfleisch sammelte unermüdlich Bodenfunde. Den Bauern war bekannt: „Wenn'r beim Ackern was findt, muß mer Klopfleisch holn, der kimmt glei und zahlt och." So platzte eines Tages ein Bauer mitten in eine seiner Vorlesungen und sagte: „Herr Professor, wer'n entschuldchen, aber 'ch globe, 'ch bin da ehmt beim Flüchen uff was gestoßen." Klopfleisch brach die Vorlesung sofort ab und folgte, zusammen mit einigen Studenten, dem Bauern auf einen Acker unterhalb des Dorfes Closewitz. Mit Spateln, Pinseln und Bürsten ging man zu Werke und legte einen Pfeifenkopf aus Porzellan mit einer lateinischen Aufschrift frei. Übersetzt lautete sie: „Gajus Julius Caesar seinem hochgeschätzten Fr. Klopfleisch im Jahre vor Christi Geburt vierundvierzig zur freundlichen Erinnerung." Der so Geehrte lud daraufhin seine Exkursionsteilnehmer in den nächstgelegenen Dorfgasthof ein. Klopfleischs Sammlung vorgeschichtlicher, volkskundlicher und kunstgeschichtlicher Gegenstände, die 1863 als seine Schenkung unter dem Namen „Germanisches Museum zu Jena" in die Großherzoglichen Anstalten für Wissenschaft und Kunst eingegliedert wurden, gilt als die älteste ihrer Art in Deutschland.

🕮 *Friedrich Klopfleisch (1831-1898), Kunst- und Prähistoriker, gilt als der Begründer der Jenaer Ur- und Frühgeschichtsforschung.*

🕮 *Christian Klopfleisch (1799-1888), Pfarrer und Archidiakonus, war der Vater von Friedrich und ist seit 1874 Ehrenbürger der Stadt Jena.*

☞ *Jena-Ost. 1936 bis 1945 Martin-Faust-Straße. Faust (geb. 1901) wurde als Teilnehmer des Münchner Hitler-Putschs 1923 getötet.*

Knebelstraße

Der auf dem fränkischen Schloß Wallerstein geborene Karl Ludwig von Knebel trat nach dem Studium der Rechtswissenschaften in Halle zunächst in das Regiment des Kronprinzen von Preußen ein, zog sich 1774 jedoch enttäuscht vom Militärdienst zurück. Als Hofmeister und Erzieher am Weimarer Hofe machte Knebel in Frankfurt die Bekanntschaft des jungen Goethe, der ihn später anerkennend seinen Weimarer „Urfreund" nannte. Ab 1798 lebte Knebel in Ilmenau, wo er, bereits 54 Jahre alt, am 9. Februar 1798 die 21-jährige Opernsängerin Luise Ruhdorf(f) (1777-1852) heiratete. Goethe schrieb an diesem Tag an Schiller: Knebel sei „nun wieder in Ilmenau angelangt, seine Schöne wird in wenigen Tagen anreisen, um ihm das Joch der Ehe auf den alten steifen Nacken zu legen. Da ich ihm herzlich gut bin, so wünsche ich ihm zu diesem Unterfangen das möglichste Glück". Auf die bevorstehende Eheschließung eingehend, bemerkte Schiller: „Nach allem, was von der unparteiischen Welt geurteilt wird, dauert mich unser Freund Knebel sehr, und ich fürchte, das Joch wird seinem Nacken nicht sanft aufliegen." Inwiefern die Ehe der Knebels, die 1805 nach Jena zogen, wirklich ein „Joch" für den feingebildeten Poeten war, ist indes nicht bekannt.

🕮 *Karl Ludwig von Knebel (1744-1834) war preußischer Offizier, Poet und Übersetzer antiker Werke.*

☞ *Jena-Innenstadt. 1905 wurde die bislang namenlose Straße im so genannten kleinen Paradies zu Ehren Knebels benannt.*

Ein markantes Gebäude an der Knebelstraße ist das einstige Volksbad.

Friedrich-Körner-Straße

Friedrich Körner schrieb am 4. Oktober 1818 als „Euer Wohlgeboren Ergebener Diener“ an die „Wohllöbliche philosophische Facultät“ der Jenaer Universität einen Brief. Darin heißt es es unter anderem: „Seit meiner Jugend habe ich einen starken Hang zu den mathematischen Wissenschaften gehabt, welchen ich auch während der Zeit, da ich das weimarische Gymnasium von der letzten bis zur ersten Classe frequentierte, beibehalten habe [...]. Ich bitte daher [...], mir die Doctorwürde und Erlaubniß zu lesen (Vorlesungen zu halten, d.V.) zu ertheilen.“ Der damalige Dekan Carl Friedrich Bachmann informierte daraufhin seine „Verehrten Herren Collegen“ darüber, dass „Seine Königliche Hoheit, der Großherzog“, die „Promotionsgebühren“ für Körner tragen werde. „In Sonderheit bitte ich Eure Magnifizenz um Ihr weises Votum, da sie den Herrn Körner näher kennen“, schrieb dieser zurück. Friedrich Körner erwarb den philosophischen Doktorgrad und hielt Vorlesungen – zumeist über meteorologische Instrumente und kleine chemische Geräte, über deren Herstellung und ihren Gebrauch. Berühmt wurde er als Lehrherr von Carl Zeiß, der von 1834 bis 1838 als Mechaniker bei ihm in die Lehre ging.

🕮 *Friedrich Körner (1778-1847), Hof- und Universitätsmechaniker sowie Begründer des Mikroskopbaus in Jena, gilt als einer der renommiertesten Instrumentenbauer seiner Zeit.*

☞ *Jena-West. Bis 1930 Straße Nr. 227. 1933 bis 1945 nach dem SA-Sturmführer (1907-1930) Horst-Wessel-Straße benannt.*

Erich-Kuithan-Straße

Der Maler Erich Kuithan, im Jahre 1903 an die neu zu gründende freie Zeichenschule in Jena berufen, erhielt seinerzeit den Auftrag, für das neue Universitätsgebäude ein Bild zu malen. Er sollte Schiller auf dem Weg zu seiner Antrittsvorlesung im Griesbach'schen Haus darstellen. Doch schon mit der Konzeption des Bildes handelte sich der Meister Ärger ein. Schließlich machte er einige Zugeständnisse, womit er jedoch nicht zu verhindern vermochte, dass die Auftraggeber die erste Fassung seines Werkes ablehnten. Ihr Einwand: Das Griesbach'sche Haus käme nicht hinreichend zur Geltung. Kuithan machte sich erneut an die Arbeit – Auftrag war nun einmal Auftrag. Doch insgeheim sann der verärgerte Maler auf „Rache". Da kam ihm eine Idee. Auf dem Bild stellte er einen Studenten dar, der direkt vor dem Dichterfürsten sein Kollegheft vom Erdboden aufhebt. Und auf dieses Heft schrieb der Maler deutlich lesbar: „Propter pec(uniam)." Zu Deutsch: Des Geldes wegen. Ob die Geldgeber diese Anspielung übersahen, sie als einen Scherz des Künstlers hinnahmen oder nur auf den abgebildeten Studenten bezogen – man weiß es nicht. Wie dem auch sei, Kuithan hatte die Genugtuung, sich würdig aus der Affäre gezogen zu haben.

🕮 *Erich Kuithan (1875-1917), Maler und Designer, entwarf 1904 das weltberühmte Zeiß-Logo mit dem Schriftzug und den beiden Linsen.*

☞ *Jena-Löbstedt. Vor 1991 Straße der Jugend benannt.*

Franz-Liszt-Straße

In der „Jenaischen Zeitung" vom 10. Januar 1895 stand zu lesen: „Franz Liszt, der als Tondichter einer der hervorragendsten, als Virtuos unbestritten der allergrößte Meister und Schöpfer der pianistischen Kunst unserer Zeit war, gehörte seit dem Jahre 1842 zu den Ehrenbürgern der Stadt Jena, wo er zuerst ein Konzert für die Gründung und den Bau einer Kleinkinderbewahranstalt gab." Ob Choraufführungen in der Universitätskirche anlässlich des Jubiläums dieser Lehranstalt und der Schillerfeier oder die Leitung seines Requiems zur Erinnerungsfeier „für die im Feldzuge 1870/1871 gefallenen Commilitonen – stets war er ein hülfreicher und wohlwollender Freund der Universitätsstadt Jena [...]. Überhaupt konnten wir Jenaer stolz auf die besondere Bevorzugung sein, deren sich, außer sein Vaterland und Weimar, wohl kein anderer Ort mehr rühmen zu dürfen in der Lage war".

🕮 *Franz (eigentlich Ferenc) Ritter von Liszt (1811-1886) zählt als Komponist und Pianist zu den bedeutendsten Schöpfern klassischer Musik.*

☞ *Jena-Ost. Von 1933 bis 1945 nach einem Mitglied der nationalsozialistischen Bewegung Rudolf-Eck-Straße benannt.*

Loderstraße

Der Mediziner Justus Christian von Loder kurierte Goethe, der an einem Katarrh litt, mit einem Tee, den ihm Schiller empfohlen hatte. Über den offensichtlichen Erfolg schrieb Friedrich Schiller kurz darauf an Goethe: „Es freut mich herzlich, daß Loders Kräutertee, so übel er auch schmeckt, einen poetischen Humor und Lust zum Heldengedicht („Hermann und Dorothea“, d.V.) bei Ihnen geweckt hat.“ Professor Benno von Hagen (1883-1961) sagte über Loder: „Das Geschäftige und Gesellige, das Goethe besonders an Loder auffiel, ist (auf einem Porträt, das ihn zeigt) festgehalten. Das ist kein Stubengelehrter, sondern ein Akademiker, dessen Tageseinteilung peinlich genau ist, der hastiger, als es seiner zarten Konstitution dienlich, Vorlesungen, Sektionen und Operationen abwickelt, dabei immer für andere Aufgaben Zeit hat und geselligen Freuden jederzeit geneigt und gewachsen ist – konzentriert und doch frei, freundlich gegen jedermann bei aller Kleinheit der Erscheinung die Blicke auf sich ziehend, bei aller Feinheit des Gliederbaus eine überragende Gestalt.“

🕮 *Justus Christian von Loder (1753-1832), wirkte in Jena von 1778 bis 1803 als Professor für Anatomie und Chirurgie. Später war er kaiserlich-russischer Leibarzt und bedeutender Chirurg in Moskau und St. Petersburg.*

☞ *Jena-West. Bis 1980 Straße an der Westschule, danach bis 1991 Professor-Loder-Straße benannt.*

Lutherplatz / Lutherstraße

Zwischen 1521 und 1537 war Martin Luther insgesamt zehnmal in Jena zu Gast. Der bekannteste Besuch des Reformators ist jedoch jener im März 1522. Der Student Johann Keßler aus St. Gallen, der sich am 4. März 1522 in Begleitung im „Bären“ aufhielt und auf dem Weg nach Wittenberg war, erinnerte sich später der Begegnung in diesem Gasthaus: „Dort fanden wir einen Mann, der allein am Tisch saß und ein Buch vor sich liegen hatte. Er grüßte uns freundlich und bat uns, wir sollten uns zu ihm setzen [...]. Er bot uns so herzlich zu trinken an, daß wir nicht ablehnen konnten [...]. Wir waren einhellig der Meinung, daß er ein Ritter sei, da er nach Gewohnheit des Landes dort saß mit einer roten Mütze, deren Klappen herabhingen, in einfachen Hosen und in einem Wams sowie mit einem Schwert an der Seite, wobei er mit der rechten Hand den Schwertknauf und mit der linken das Heft des Schwertes umfaßt hatte.“ Erst am nächsten Tag in Wittenberg erfuhren die beiden Schweizer, welch illustrer Zechkumpan ihnen am Abend zuvor gegenüber am Tisch gesessen hatte: Luther, der ebenfalls auf dem Weg nach Wittenberg war, verkleidet als Junker Jörg. Der Kunstmaler Otto Schwerdgeburth (1785-1878) hat die berühmt gewordene Szene im „Bären“ in einem Ölgemälde für die Nachwelt festgehalten.

🕮 *Martin Luther (eigentlich Luder) (1483-1546), Theologe, Dichter und Übersetzer, ist der geistige Vater der Reformation und setzte mit seiner Bibelübertragung neue Maßstäbe für die deutsche Sprache.*

☞ *Jena-Innenstadt. Der Lutherplatz wurde 1881 erstmals offiziell so benannt.*
☞ *Jena-West. Die Maxim-Gorki-Straße wurde 1991 in Lutherstraße umbenannt.*

Im heutigen Traditionshotel „Schwarzer Bär" am Lutherplatz übernachtete 1522 Martin Luther inkognito als Junker Jörg.

Thomas-Mann-Straße

Am 23. Februar 1921 notierte Thomas Mann in seinem Tagebuch: „Am 18ten Jena, abgeholt hier von Professor Naumann. Thee bei diesem mit Eugen Diederichs und Frau und dem Prinzen und der Prinzessin Georg von Meiningen. Vorlesung in den Rosensälen („Schwere Stunde"). Nachher Geselligkeit in dem originellen Lokal (gemeint ist offenbar die „Göhre" am Markt, d.V.) [...] Am 19. Spaziergang mit Naumann und den Diederichs. Besuch der Universität mit dem herrlichen Hodlerbild: Aufbruch der Studenten, dieser Monumentalisierung junger, idealistisch-kriegerischer Maskulinität. Mittags bei Naumanns, dort im Kinderzimmer etwas geruht, dann Abreise nach Berlin ..." Die Handlung von Manns erwähnter Erzählung „Schwere Stunde", 1905 anlässlich des 100. Todestages Friedrich Schillers geschrieben, spielt im Dezember 1796 in Jena. Sie spiegelt des Dichters Stunde tiefer Verzweiflung während der nächtlichen Arbeit am „Wallenstein" wider.

🕮 *Thomas Mann (1875-1955), 1929 Nobelpreisträger für Literatur, gilt als größter deutscher Romancier des 20. Jahrhunderts. 1955 erhielt er die Ehrendoktorwürde der Jenaer Universität.*

☞ *Jena-Nord. 1955 erfolgte die Umbenennung des Unteren Philosophenweges in Thomas-Mann-Straße.*

Ein Blick auf die Thomas-Mann-Straße, Ecke Theo-Neubauer-Straße.

Melanchthonstraße

Professor Philipp Schwartzerdt, besser bekannt als Melanchthon, kam nach Jena, um hier im Auftrag Kurfürst Johann Friedrichs I. die „Hohe Schule" einzurichten. Ursprünglich hatte Melanchthon die vom Kurfürsten 1547 entschiedene Universitätsübertragung in das neue ernestinische Herzogtum abgelehnt. Dennoch wurde nach seinem humanistisch-reformatorischen Schulkonzept ab 1548 die Salana eingerichtet. Melanchthon wohnte während seines Aufenthalts in Jena im Kollegiengebäude (Kollegiengasse), kehrte jedoch wieder an die Wittenberger Leucorea zurück, weil er die politischen und finanziellen Risiken in Jena fürchtete. Seine Grundsätze, 1547 formuliert, lauten unter anderem: „Bedenkt man aber, daß man den Kirchen eine gute Schule in Thüringen geben muß, wie ich auch glaube, deshalb wäre es gut, daß man die mit Bedacht einrichtet und richtig ordnet [...]. Ich will alles tun, daß zur Pflanzung der christlichen Lehre und anderer Künste ein Häuflein zusammen kommt hier in Jena." Martin Luther äußerte sich über seinen Mitstreiter zwiefach. Einmal: „Gott ihm hat gegeben seine Gaben reichlich." Und: „Philippus läßt sich fressen, ich fresse alles und schone niemanden." Seinen Familiennamen hatte Schwartzerdt übrigens auf den Rat seines Onkels, des bekannten Humanisten Johannes Reuchlin (1455-1522), hin gräzisiert: aus „melanos" (schwarz) und „chthon" (Erde).

🕮 *Philipp Melanchthon (eigentlich Schwartzerdt) (1497-1560), Philologe, Humanist und Theologe, erwarb sich auf Grund seiner Verdienste als Reformator des Schul- und Bildungswesens den anerkennenden Titel „Praeceptor Germaniae" (Lehrer Deutschlands).*

☞ *Jena-West. Bis 1903 Straße Nr. 18 benannt.*

Die Melanchthonstraße mit Westschule und Landgraf-Blick.

Otto-Militzer-Straße

„Wir, die wir glaubten, uns ewig jung fühlen zu können, sind im letzten Jahr wohl alle gealtert; denn das hat noch keine Generation durchmachen müssen. Und trotzdem sage ich: Kopf hoch und die Zähne zusammengebissen! Ein klein wenig Freude wird uns noch beschieden sein." Diese Zeilen schrieb am 5. März 1944 der 43-jährige Otto Militzer aus dem berüchtigten Strafbataillon 999 an seine Frau. Er war 1929 nach Jena gekommen und arbeitete im Zeiß-Werk. Hier trat er der kommunistischen Zelle bei, gehörte seit 1931 dem Betriebsrat an und war einer der Redakteure von „Der Zeiß-Prolet". 1941 wurde Militzer aufgrund seiner politischen Aktivitäten verhaftet und zu einer Zuchthausstrafe von dreieinhalb Jahren verurteilt. Sein Optimismus, dem er in dem Brief an seine Frau noch Ausdruck gab, erfüllte sich indes nicht: Militzer wurde noch am 8. Mai 1945, dem Tag der Kapitulation Deutschlands, erschossen.

🕮 *Otto Militzer (1901-1945) war politischer Leiter der KPD-Ortsgruppe Jena und Mitglied der Bezirksleitung der KPD.*

☞ *Jena-Lobeda (Ost). Die Straßen Nr. 28 und 29 erhielten 1980 den Namen Otto Militzers. 1991 wurden Teilstücke in Musäusring und Novalisstraße umbenannt.*

Novalisstraße

1799 dichtete Novalis (so das 1794 angenommene Pseudonym Georg Philipp Friedrich Freiherr von Hardenbergs): „Wir haben Weinmond, liebe Leute, und weil nicht immer Weinmond ist, so sag ich's euch in Versen heute, damit es keiner nicht vergißt. Wenn Weinmond ist, so müßt ihr wissen, da gibt es Trauben, Most und Wein, und weil die armen Beeren müssen, so sprützen sie ins Faß hinein [...]. Drum weil nicht Weinmond alle Tage, kein solcher Stock nicht überall, so denkt nicht heut an eure Plage, zieht eure Sorgen in den Stall, laßt unsern alten Weinstock leben! Und seinen lieben Winzer da!" Der feinsinnige und begabte Novalis, der 1788 seine ersten Gedichte verfasste, hatte 1790/91 in Jena Jurisprudenz studiert und dabei auch die Vorlesungen Schillers (mit dem er sich anfreundete) über europäische Staatsgeschichte besucht. In den nachfolgenden Jahren kehrte der Dichter immer wieder zu Besuchen nach Jena zurück: 1795 machte er hier die Bekanntschaft Johann Gottlieb Fichtes und Friedrich Hölderlins, 1797 lernte er Caroline und August Wilhelm Schlegel kennen. 1799 schloss Novalis in Jena Freundschaft mit Ludwig Tieck und besuchte mit diesem Herder und Goethe. Im November 1799 nahm er zudem mit Schelling, Tieck und Ritter am Romantiker-Treffen im Haus der Brüder Schlegel in der Saalestadt teil.

🕮 *Georg Philipp Friedrich Freiherr von Hardenberg (1772-1801), genannt Novalis, gilt mit seinen Gedichten und Romanen als wichtiger Mitbegründer der deutschen Romantik.*

☞ *Jena-Lobeda (Ost). 1991 erfolgte die Umbenennung des nordöstlichen Teils der Otto-Militzer-Straße in Novalisstraße.*

Okenstraße

„Lurche“, „Nesthocker“, „Nestflüchter“, „Zelle“ und andere Begriffe sind Wortschöpfungen von Lorenz Oken. Auf Fürsprache Goethes wurde der zwei Jahre zuvor habilitierte Oken am 30. Juli 1807, erst 27-jährig, zum außerordentlichen Professor für Medizin an die Jenaer Universität berufen. Über ihn wird berichtet, dass er „der erste Zoologe war, der ans Meer ging und die maritime Tierwelt an Ort und Stelle studierte“, und zwar auf der Nordseeinsel Wangerooge. Oken war der Ansicht, dass der Wurm das Gefühls-, das Insekt das Licht-, die Schnecke das Tast-, der Vogel das Hör-, das Amphibium das Schmeck- und das Säugetier (und damit der Mensch) das All-Sinn-Tier sei. 1816 begann Oken in Jena mit der Herausgabe der als Forum für alle Wissenschaften gedachten Zeitschrift „Isis“. Aufgrund seiner zu progressiven politischen Ansichten wurde die Zeitschrift jedoch verboten und Oken 1819 aus dem Lehramt entlassen. Bemerkenswert: Oken hieß eigentlich Okenfuß. Im Alter von 24 Jahren kam es ihm in den Sinn, sich von seinem „Fuß“ im Familiennamen zu trennen. Denn er argwöhnte, dass ihn Studenten womöglich als Ochsenfuß verspotten könnten. Dem wollte er mit der Namensverkürzung zuvorkommen.

🕮 *Lorenz Oken(fuß) (1779-1851), Naturforscher und -philosoph, forschte in nahezu allen Bereichen der Natur und machte zahlreiche neue Beobachtungen in der Anatomie, Physiologie und Zoologie.*

☞ *Jena-Süd. Bis 1910 Straße Nr. 216 benannt.*

Hermann-Pistor-Straße

Mehr als 4.000 Augenoptikern aus über 50 Ländern aller Kontinente hat er zusammen mit seinen Mitarbeitern das für ihren Beruf erforderliche Rüstzeug vermittelt: Hermann Pistor. Seine Popularität im In- und Ausland äußerte sich unter anderem darin, dass alle, die ihn kennen- und schätzen lernten, von ihm als ihrem „Vater Pius" sprachen. Von 1919 bis 1951 war der gebürtige Sonneberger Direktor der heutigen Fachschule für Augenoptik in Jena. Mit seinem Wirken hat er sich einen unvergesslichen Namen in der Geschichte der Stadt und der Augenoptik in der ganzen Welt gemacht. Für seine Verdienste wurde ihm im Jahre 1950 die Ehrenbürgerwürde verliehen. Pistors Familie fand für seine Todesanzeige folgende Worte, die sein Wesen, sein Leben, für andere da zu sein und ihnen zu helfen, treffend charakterisieren: „Er säte viel Liebe und erntete viel Liebe."

🕮 *Hermann Pistor (1875-1951), Optiker, gilt als Nestor der deutschen Augenoptik.*

☞ *Jena-Winzerla. 1990 wurde die neu angelegte Straße nach Pistor benannt.*

Max-Reger-Weg

Am frühen Morgen des 11. Mai 1916 in einem Leipziger Hotelzimmer: Neben einem Verstorbenen liegen die Korrekturbögen der „Acht geistlichen Gesänge für gemischten Chor“. Der Tote ist Max Reger, der, gerade erst 43 Jahre alt, einer Herzlähmung erlegen ist. 1915 nach Jena gezogen, wohnte er reichlich ein Jahr lang in der Beethovenstraße und widmete sich vorrangig der Komposition. In Briefen hob er die „paradiesische Lage“ seiner Villa hervor. „In Jena ist wundervoll arbeiten“, schrieb er zum Beispiel seinem alten Lehrer Adalbert Lindner. Reger rief in Jena einen A-cappella-Chor ins Leben, leitete die akademischen Konzerte, plante volkstümliche Sommerkonzerte und unterrichtete am Leipziger Konservatorium. Dazu kamen Konzertreisen, Lehr- und Kompositionstätigkeit. Anlässlich des Jubiläums der Universität im Jahr 1908 schrieb er seinen „100. Psalm für Chor und Orchester“. Von der Salana wurde ihm in Anerkennung seiner zahlreichen Verdienste die Ehrendoktorwürde verliehen. Reger war, nomen est omen, stets regsam, unermüdlich und viel beschäftigt; viele Kompositionen schwebten ihm noch vor. Freunde rieten ihm immer wieder, sich nicht zu übernehmen. Die Trauerfeier für Max Reger fand am 14. Mai 1916 im Jenaer Krematorium statt.

📖 *Max Reger (1873-1916), der Nachromantik verpflichteter Komponist, schuf mehr als 1.000 Musikwerke – darunter bemerkenswerte Orchester- und Klavierstücke, bekannte Orgelwerke, Chorstücke und über 300 Lieder.*

☞ *Jena-West. Im Todesjahr Regers erhielt der Weg seinen Namen.*

Die Max-Reger-Villa in der Beethovenstraße, Ecke Max-Reger-Straße.

Adolf-Reichwein-Straße

Seine Schüler verehrten Adolf Reichwein: „Seine lachende, strahlende Natur, die junge Menschen so bezaubern konnte, kam nicht von leicht her, sondern war verwurzelt in einem tiefen Ernst." Von 1923 bis 1929 war der promovierte Pädagoge in Jena – zunächst als Sekretär der Volkshochschule, ab 1925 als Direktor der Heimvolkshochschule – tätig. Im Juli 1944 von der Gestapo als Mitglied des „Kreisauer Kreises" verhaftet, schrieb er vier Tage vor seiner Hinrichtung an seine Frau: „Daß meine Gedanken auch immer wieder um das eigene Leben kreisen, brauche ich kaum zu sagen [...]. Das eine drängt sich beim Überfliegen der Jahrzehnte auf: wie reich und schön diese Zeiten für mich gewesen sind [...] und schließlich das Schönste und Reichste: die zwölf Jahre mit Dir und den Kindern. Wieviel Anlaß, dankbar zu sein!" Sein Abschiedsbrief enthält die Zeilen: „In meiner letzten irdischen Stunde sind meine Gedanken noch einmal mit besonderer Innigkeit bei Dir und den vier Kindern, die Du mir geschenkt hast und die mir Jahre [...] so viel Freude, Aufrichtung und Erbauung waren. Ich scheide ruhig, weil ich die Kinder in Deiner Hut weiß [...]. Die Kinder, in eine Zukunft hineinwachsend, seien Dir Trost und später Freude." Am 20. Oktober 1944 vom Volksgerichtshof zum Tode verurteilt, wurde Reichwein noch am selben Tag hingerichtet.

🕮 *Adolf Reichwein (1898-1944), Reformpädagoge, Professor für Staatsbürgerkunde und Geschichte, ist der Gründer des Volkshochschulheims am Beutenberg.*

☞ *Jena-Winzerla. Von 1934 bis 1945 Dietrich-Eckart-Straße benannt. Eckart (1868-1923) war nationalistischer Schriftsteller und enger Vertrauter Adolf Hitlers.*

Reinholdweg

Von 1787 bis 1794 wirkte der Philosoph Karl Leonhard Reinhold in Jena. Sein Schwiegervater, der Dichter Christoph Martin Wieland, sagte über ihn: „Er ist einer der besten Menschen [...]. Aus den Wolken oder vielmehr aus den Armen irgend eines Gottes ist er in meinen Schoß gefallen." Johann Gottlieb Fichte äußerte sich über Reinholds System der „Elementarphilosphie": „Nach dem genialen Geist Kants hat der Philosophie kein größeres Geschenk gemacht werden können als durch den systematischen Geist Reinholds." Reinhold zeichneten Wahrheitsliebe, Mut und Offenheit aus. Seine Studenten sprachen seinen Namen „Rein und hold" aus. Als Friedrich Schiller sechs Tage lang Reinholds Gast gewesen war, schrieb er an seinen Freund Christian Gottfried Körner (1756-1831): „Alle Facons blieben unter uns weg; wir waren Bekannte, ehe wir die Treppe hinauf gestiegen waren." Der dänische Dichter Jens Baggesen (1764-1826), der mit Reinhold eng befreundet war, bemerkte: „Was ist reiner und holder als Wahrheit und herzliche Güte? Holder und reiner erblickt' ich nichts auf Erden als Reinhold."

🕮 *Karl Leonhard Reinhold (1758-1823) wurde 1787 als außerordentlichen Professor für Philosophie an die Universität berufen. Er gilt als maßgeblicher Wegbereiter der Kant'schen Philosophie und Mitbegründer der deutschen idealistischen Philosophie.*

☞ *Jena-Nord. Seit 1931 zu Ehren Reinholds benannt.*

Fritz-Reuter-Straße

1832 kam Fritz Reuter im Alter von 22 Jahren nach Jena und immatrikulierte sich an der Universität, um sein in Rostock begonnenes Jurastudium fortzusetzen. Schon nach zwei Wochen, am 25. Mai 1832, schrieb er seinem Vater begeistert: „Hier ist alles ganz anders als bei uns, das Volk lebendiger, aufgeklärter [...] und Jena scheint der Mittelpunkt der Liberalen zu sein." Reuter schloss sich der Burschenschaft „Germania" an und führte das typische Leben eines Bummelstudenten. Professor A. W. F. von Schröter beurteilte Reuter in einem Bericht an den Vater folgendermaßen: „Seine ganze Zeit hat er mit Studententreibereien, Besuchen von Wirtshäusern, Herumlaufen usw. todtgeschlagen." Im April 1833 kam Reuter seiner Relegation durch Abgang zuvor und wurde von der Polizei der Stadt verwiesen. Aufgrund seiner burschenschaftlichen Aktivitäten in Berlin verhaftet und zum Tode wegen Hochverrats verurteilt, wurde Reuter zu 30 Jahren Festungshaft begnadigt. Nach sieben Jahren harter Haft entlassen, dem körperlichen und seelischen Zusammenbruch nahe, fand er schließlich zu seiner Berufung als Dichter. 1860 schrieb er rückblickend über seine sorglose Zeit in Jena: „Ach, Ziegenhain und Lichtenhain und dann der Fuchsturm, wohlbekannt, und auf dem Keller die Frau Vetter – es war ein Leben für die Götter."

🕮 *Heinrich Ludwig Christian Fritz Reuter (1810-1874) ist der bis heute wohl bekannteste plattdeutsche Mundartdichter.*

☞ *Jena-West. 1911 benannte man die bisherige Straße Nr. 217 in Reuter-Straße um und ergänzte den Namen 1933 zu Fritz-Reuter-Straße.*

Einst der Stadt verwiesen, heute geehrt: Das Denkmal für Fritz Reuter am Fürstengraben.

Rolfinckstraße

Er ist in Jena ein gefürchteter Mann gewesen, und zwar bei den zum Tode verurteilten Verbrechern. Seinetwegen sank die Kriminalitätsrate spürbar. Darüber hinaus kam er zu dem Eindruck, dass die Berge und Täler um Jena mit ihrer großen Anzahl wild wachsender Pflanzenarten einmalig in Deutschland seien. „Voller heilsamer Kräuter, Wurtzeln und Blumen“, seien diese durchaus mit den berühmten Kräutergegenden Italiens, Spaniens und Griechenlands gleichzusetzen. Der einerseits naturverbundene und andererseits Angst einflößende Mann hieß Werner Rolfinck. Er studierte an den renommierten Universitäten von Wittenberg, Leyden, Oxford, Paris und Padua und machte sich in Venedig als Anatom einen Namen. Einen Ruf als Anatomieprofessor nach Padua lehnte er zu Gunsten Jenas ab. An der Salana widmete er sich fortan den Fächern Anatomie, Chirurgie, Botanik und Chemie und eröffnete 1631 einen botanischen Garten. In dem von ihm eingerichteten „theatrum anatomicum“ führte Rolfinck als Erster öffentliche Autopsien und chirurgische Eingriffe an hingerichteten Verbrechern durch. Diese hatten natürlich Angst davor, nach ihrem gewaltsamen Tode vor Publikum „gerolfinckt“, d.h. seziert, zu werden und protestierten – natürlich noch zu ihren Lebzeiten – dagegen.

📖 *Werner Rolfinck (1599-1673), lehrte seit 1629 als Professor an der Salana. Er gehörte seinerzeit zu den führenden Gelehrten europäischen Ranges und hatte sechsmal das Amt des Rektors inne.*

☞ *Jena-Süd. Das Jahr der Straßenbenennung zu Ehren Rolfincks ist nicht bekannt.*

Leo-Sachse-Straße

„Du, mein Jena, dein gedenk ich. Nimmermehr vergeß ich dein. In der Ferne will ich lauschen, traute Saale, deinem Rauschen, will an deinen Ufern sein. Aus dem Wiesentale ragen deine weinbekränzten Höhn, durch des Nebelschleiers Falten schimmern nackte Berggestalten, hauptumglänzet, zauberschön. Mächtig zieht's in späten Tagen immer wieder mich zurück. Wo ich trank des Wissens Bronnen, wo in holden Maiensonnen mir geblüht der Jugend Glück. Geist der Freiheit, Geist des Strebens, meines Jenas höchster Ruhm, rege kühn die Adlerschwingen, laß in alle Lande dringen stets dein Evangelium." Der Verfasser dieses schwärmerischen Jena-Epos' ist der Gymnasialdirektor Leo Sachse, der mit seinen romantischen Gedichten über die Stadt populär wurde. Im Selbstverlag gab er zwei Gedichtbände heraus: „Von Waldesrand und Meeresstrand" sowie „An der Saale hellem Strande". Er verfasste auch „Zaubermärchen und Wundergeschichten" sowie „Eh' der Sandmann kommt". Nicht unerwähnt soll bleiben, dass es möglicherweise Sachse war, der am Gymnasium zu Wismar seinen Schüler Friedrich Gottlob Frege (später Mitbegründer der modernen mathematischen und formalen Logik) zu einem Mathematikstudium in Jena bewog.

🕮 *Leo Sachse (1843-1909), Dr. phil., Professor und Gymnasialdirektor, war Mathematiker und Heimatdichter.*

☞ *Jena-Ost, Kernberge. Bis 1914 Straße Nr. 16 benannt.*

Schaefferstraße

Karl Julius Traugott Hermann Schaeffer galt als schlichter Mann, unermüdlicher Forscher und begnadeter Lehrer. Einer seiner Schüler war Ernst Abbe. Zu seinem 70. Geburtstag hielt Schaeffer eine recht launige, jedoch seinem Wesen entsprechende Ansprache: „Liebe Kommilitonen! Das 70. Lebensjahr ist der Anfang des Niedergangs. Ich bin auch bereit zu sterben, aber es pressiert ja noch nicht so (große Heiterkeit). Sie haben mir durch Ihre Güte die Zahl 70 zu einer bedeutungsvollen gemacht [...]. Dafür danke ich Ihnen. Unser altes, liebes, freies Jena und seine Studentenschaft, sie leben hoch!“ Schaeffer erwarb sich pädagogische Verdienste durch Sommerkurse für Lehrer der Naturwissenschaften, die von 1899 an jährlich stattfanden. Ihm zu Ehren wurde am Fürstengraben, dicht am Pulverturm, in der Reihe bedeutender Gelehrter der Alma Mater – im Volksmund „via triumphalis“ genannt – ein Denkmal aus heimischem Tertiärquarzit errichtet. Der mächtige Block trug unter einem bronzenen Reliefbild die Inschrift: „Hermann Schaeffer (1824-1900). Lehren war seine Lust, Volkswohlfahrt seine Wonne.“ 1924, zur 100. Wiederkehr seines Geburtstages, stand das Denkmal bereits. Schaeffer selbst war 1858 einer der Hauptinitiatoren des Jenaer Gedenktafelprojektes gewesen.

📖 *Karl Julius Traugott Hermann Schaeffer (1824-1900), Mathematiker und Physiker, lehrte in Jena als Privatdozent und von 1878 an als ordentlicher Professor auf dem Gebiet der Experimentalphysik.*

☞ *Jena-West. 1894 wurde die Privatstraße des Architekten Hirsch aus Anlaß des 70. Geburtstages Schaeffers umbenannt.*

Das Schaeffer-Denkmal am Fürstengraben vor den Rosensälen der Universität.

Julius-Schaxel-Straße

Untrennbar verbunden mit der 1924 erstmals erschienenen Zeitschrift „Urania" ist der Name ihres Gründers und wissenschaftlichen Leiters Julius Christoph Schaxel. Friedrich Spethmann, Korrektor in Jena, erinnerte sich später: „Ich habe damals als Metteur die erste Nummer der ‚Urania' umbrochen." Und sein Kollege Edgar Salzmann blickte zurück: „Zu jener Zeit war ich Inseratensetzer, und ich muß sagen, daß wir mit Schaxel alle gute Kontakte hatten. Er war beliebt, nicht nur unter den Kollegen. Und wie oft unterhielten wir uns mit ihm." Schaxel studierte ab 1906 an der Salana (unter anderem bei Ernst Haeckel) Biologie, Philosophie und Psychologie, promovierte hier 1909 zum Dr. phil. und war ab 1910 Kustos am Phyletischen Museum. 1918 gründete er eine Anstalt für experimentelle Biologie bei der Carl-Zeiß-Stiftung. 1933 wurde das SPD-Mitglied Schaxel wegen „marxistischer politischer Aktivitäten" als Professor entlassen, emigrierte zunächst in die Schweiz und folgte dann einem Ruf an das Severcov-Institut für Evolutionsmorphologie der sowjetischen Akademie der Wissenschaften nach Moskau.

🕮 *Julius Christoph Schaxel (1887-1943) wirkte von 1916 bis 1933 als Professor der Zoologie an der Universität Jena.*

☞ *Jena-Ost. Seit 1936 Wilhelm-Ehrlich-Straße (nach einem 1923 in München getöteten Teilnehmer des Naziputsches) benannt. Nach dem Krieg trug sie bis 1962 den Namen Max-Fischer-Straße – nach Max Fischer (1857-1930), dem Geschäftsführer der Firma Zeiß.*

Scheidlerstraße

Als am 18. und 19. Oktober 1817 rund 500 Burschenschafter von elf Universitäten von Eisenach aus auf die Wartburg zogen (so genanntes „Wartburgfest"), ging als Anführer und Ordner der Jenaer Student Karl Hermann Scheidler voran. Fast fünfzig Jahre später, am 26. Oktober 1866, stand in der „Jenaischen Zeitung" folgender Nachruf auf den Philosophieprofessor Scheidler zu lesen: „Außer als Lehrer war er auch als Publizist ungemein thätig und sprach manches muthige Wort über die wichtigsten Fragen der Gegenwart, immer streitend für Wahrheit, Recht und Freiheit [...]. Er hat uns nicht nur Beiträge geliefert, sondern durch seine große Belesenheit und allseitige Kenntniß der Tagesliteratur in zuvorkommender Weise manchen Dienst geleistet. Wollen wir endlich Scheidlers ganzes Wesen in einem Begriff fassen, so ist es die Treue. Er war treu den Studierenden, treu der Universität, treu dem landwirtschaftlichen Institut, treu dem Vaterlande und vor Allem treu sich selber und seiner Überzeugung."

🕮 *Karl Hermann Scheidler (1795-1866), Staatswissenschaftler und von 1821 bis 1866 Professor der Philosophie, war einer der Begründer der deutschen Burschenschaft und Teilnehmer an den Befreiungskriegen gegen Napoleon.*

☞ *Jena-West. Bis 1906 Straße Nr. 219 benannt.*

Schillergässchen / Schillerstraße

Schiller schrieb am 19. Februar 1795 an Goethe, dass er „dieser Tage" über sein „Schicksal etwas entschieden" habe: „Meine Landsleute haben mir die Ehre angetan, mich nach Tübingen zu vozieren." Indes, so Schiller weiter, wolle er „lieber in Jena sein, wo ich gern bin und womöglich leben und sterben will, als irgend anderswo müßig gehen". Darum habe er das Angebot „also ausgeschlagen", heißt es weiter, „und mache mir daraus kein Verdienst; denn meine Neigung entschied schon allein die ganze Sache, so daß ich es gar nicht nötig hätte, mich der Verbindlichkeiten zu erinnern, die ich unserm guten Herzog schuldig bin und die ich ihm am liebsten vor allen anderen schuldig sein mag. Für meine Existenz glaube ich nichts besorgen zu dürfen, solang ich noch einigermaßen die Feder führen kann, und so lasse ich den Himmel walten, der mich noch nie verlassen hat". Goethe antwortete dem Freund: „Wie sehr freue ich mich, daß Sie in Jena bleiben mögen. Ich hoffe, wir wollten noch manches zusammen treiben und ausarbeiten."

📖 *Johann Christoph Friedrich Schiller (1759-1805), Dichter von weltliterarischem Rang und Historiker, hielt am 26. Mai 1789 seine Antrittsvorlesung als außerordentlicher Professor für Philosophie an der Salana, die 1934 seinen Namen erhielt.*

☞ *Jena-Innenstadt. Das Schillergässchen hieß bis 1881 noch Mönchsgasse.*
☞ *Jena-Innenstadt. 1889 erfolgte die Benennung der Schillerstraße.*

Hier wirkte der Dichterfürst: Schillers Garten mit Wohnhaus und „Gartenzinne".

Schleidenstraße

1826 in Heidelberg zum Dr. jur. promoviert, erhielt der in Hamburg geborene Matthias Jakob Schleiden 1839 in Jena für seine botanischen Arbeiten seinen zweiten Doktortitel (Dr. phil.). 1840 wurde er zum außerordentlichen Professor, 1846 zum ordentlichen Honorarprofessor und 1850 zum ordentlichen Professor für Naturwissenschaften ernannt. Seine Lebensmaxime verdeutlicht ein Gedicht, das er seinerzeit einem Freund widmete: „Im Leben wie beim Wandern nur vorwärts frisch und keck. Wer sich zu lang besinnet, kommt nimmerdar vom Fleck. Schalt's Irrweg der Philister nach hergebrachtem Brauch, wenn später ja zum Ziele, kommst du doch vorwärts auch. Und war der Weg gefährlich, beschwerlich, steil und heiß, so hast du doch erfahren, was kein Philister weiß." Der Botaniker Hans Wartenberg hat Schleiden als „eine der großen Gestalten der Biologie" bezeichnet, „die sich selbst Marksteine an den Wegrand der Geschichte gestellt haben. Der Bereich seines Geistes ragt über seine Lebenszeit hinaus und in unsere Zeit hinein. Sein Schauen, sein Wesen und sein Wirken in einer vergangenen Zeit erregt heute in uns wieder Achtung und Bewunderung".

📖 *Matthias Jakob Schleiden (1804-1881), Prorektor und Dekan an der Salana, seit 1851 Ordinarius und Direktor des Botanischen Gartens, gilt mit seinen grundlegenden Forschungen zur Zellenlehre als einer der bedeutendsten Biologen des 19. Jahrhunderts.*

☞ *Jena-West. Bis 1904 Straße Nr. 202 benannt.*

Das Schleiden-Denkmal im Botanischen Garten, einem der ältesten seiner Art in der Welt.

Otto-Schott-Platz / Otto-Schott-Straße

Am 4. Januar 1881 traf Otto Schott mit Ernst Abbe in Jena zusammen: „In Jena hat es mir recht gut gefallen. Prof. Abbe ist eine Persönlichkeit, welche mir sehr sympathisch ist. Mit einer außerordentlichen Liebe zu seinen Studiumsgegenständen verbindet er eine natürliche Gutmütigkeit und Freundlichkeit. Zwar geht er nicht nach der neusten Mode gekleidet und trägt nicht immer einen Schlips [...], doch ist dies ein Beweis dafür, daß er [...] seine Zeit und Aufmerksamkeit mehr darauf verwendet, innerlich produktiv zu sein [...]. Er empfing mich noch am selben Abend meiner Ankunft um 10 Uhr, und nachdem wir einigermaßen Fühlung bekommen hatten, machte er mir den Vorschlag, nach Jena zu kommen und dort die Untersuchungen über optisch brauchbare Glasflüsse auszuführen. Zur Zeit meines Aufenthaltes habe ich mich noch nicht dazu entschließen können, halte es aber doch für möglich, daß ich dem Vorschlage nachkommen und für mehrere Monate bis zu einem Jahre dort zubringen werde und, wenn ich dann wirklich etwas gefunden haben sollte, was für die Zwecke der praktischen Optik brauchbar ist, zu versuchen, ob ich nicht eine lukrative Glasschmelze in Szene zu setzen vermöchte.“
Otto Schott zog am 17. Januar 1882 nach Jena, wo aus seinem glastechnischen Laboratorium ab 1895 das Jenaer Glaswerk „Schott & Gen.“ wurde.

🕮 *Otto Schott (1851-1935), Glaschemiker, Technologe und Unternehmer, promovierte 1875 in Jena. 1908 erhielt er die Ehrendoktorwürde für Medizin, 1921 für Rechtswissenschaften.*

☞ *Jena-West. Die Otto-Schott-Straße wurde 1909 benannt.*
☞ *Jena-Süd. Der Otto-Schott-Platz erhielt seinen Namen 1935.*

Die Schott-Villa in der Otto-Schott-Straße gehört heute zum Schott Glasmuseum.

Bernhard-Schultze-Straße

Am 6. November 1883 konnte Bernhard Sigismund Schultze, im Jahre 1858 als außerordentlicher Professor für Geburtshilfe nach Jena berufen, auf sein 25-jähriges Jubiläum als Direktor der Jenaer Frauenklinik und Hebammenlehranstalt zurückblicken. Über die zu diesem Anlass ausgerichtete Feierlichkeit stand in der „Jenaischen Zeitung" zu lesen: „Abends sieben Uhr brachten die hiesigen Korps und Burschenschaften einen Fackelzug. Gegen neun Uhr begann der Festkommers im ‚Bären' [...]. Dann betrat der Jubilar den festlich geschmückten Saal, empfangen von dem Tusche der Musik und dem Zurufe der überaus zahlreich versammelten Festgenossen [...]. Bis in die dritte Morgenstunde blieben die meisten Festteilnehmer in gehobener Stimmung versammelt ..." Professor Schultze, der 161 wissenschaftliche Arbeiten veröffentlichte, darunter das Lehrbuch für Hebammen, das 15 Auflagen erlebte, blieb bis zu seiner Emeritierung in Jena.

🕮 *Bernhard Sigismund Schultze (1827-1919), Hofrat und seit 1903 Ehrenbürger der Stadt, hat sich in mehr als 40 Jahren um die Frauenheilkunde in Jena verdient gemacht.*

☞ *Jena-Ost. Bis 1945 Felix-Allfarth-Straße benannt. Allfarth (1901-1923) wurde als Teilnehmer am Münchner Nazi-Putsch getötet.*

Moritz-Seebeck-Straße

Am 3. März 1886 würdigte Dr. Gustav Richter in der „Rose“ zu Jena den zwei Jahre zuvor verstorbenen Universitätskurator und Altertumswissenschaftler Karl Julius Moritz Seebeck. Insbesondere erwähnte er dessen „umfassende und gründliche Geistesbildung, die großartige Leichtigkeit der Aneignung und des Mitverständnisses für Ergebnisse und Aufgaben der gelehrten Forschung“. Dies bewirkte, so Richter, „daß er nicht nur das wissenschaftliche Bedürfnis richtig“ zu beurteilen vermochte, „sondern auch in eine fruchtbare geistige Gemeinschaft mit den Forschern selbst“ trat. Hier sei eine Kostprobe der Dichtkunst Seebecks angefügt: „Du mußt in allem, soll dein Werk gedeihen, dem Wohl der Sache nur zum Dienst dich weihen; doch Sache hörst du vieles trüglich nennen, drum habe acht, die rechte zu erkennen.“ Seebeck, unter anderem auch Mitbegründer des renommierten Vereins für Thüringische Geschichte und Altertumskunde, hatte sich zwischen 1851 und 1877 als Kurator große Verdienste um die Berufungspolitik und den Aufbau von Instituten und Kliniken erworben.

🕮 *Karl Julius Moritz Seebeck (1805-1884) gilt als bedeutendster Kurator der Salana im 19. Jahrhundert. Für seine Verdienste um die Universität wurde er 1858 zum Ehrenbürger ernannt.*

☞ *Jena-West. Bis 1927 Straße Nr. 280 benannt. Die ursprüngliche Schreibweise lautete Seebeckstraße.*

Louise-Seidler-Straße

Zeit seines Lebens verfolgte Goethe den Weg der in Jena geborenen Louise Caroline Sophie Seidler und half ihr, das Leben einer allein stehenden Malerin zu meistern. Er förderte ihr Talent, indem er für sie Stipendien unter anderem für Rom (1818-23, 1832/33) und Paris (1826) erwirkte. 1814 veranlasste er ein Ölgemälde des Jenaer Professors für Mineralogie, Johann Georg Lenz, für das Museum der „Societät für die gesamte Mineralogie". Die Malerin sagte späterhin über das im Zweiten Weltkrieg verbrannte Gemälde: „[Es] ... trug mir nichts Geringeres ein, als ein Diplom der mineralogischen Societät, wodurch ich zum Ehrenmitglied derselben ernannt wurde; possirlich genug, da ich mich für dieses Fach niemals interessiert habe und kaum den Ziegelstein vom Granit zu unterscheiden weiß." Auf eigenen Wunsch hatte sich Goethe 1811 selbst von der für ihr liebenswürdiges und einfühlsames Wesen geschätzten Malerin porträtieren lassen. Auch der mit dem Dichterfürsten befreundete Carl Ludwig von Knebel ließ sich nach eigenen Worten „auf Goethes Zureden [...] von der Mademoiselle Seidler" malen und schrieb darüber 1812 an seine Schwester Henriette: „[...] das Mädchen hat ein herrliches Talent zum Porträtmalen, und wenn sie [...] noch ein paar Sommer in Dresden studieren kann, [...] so wird sie eine der ersten Porträtmalerinnen, wie Goethe selbst sagt."

🕮 *Louise Caroline Sophie Seidler (1786-1866), ausgebildet unter anderem bei Doell, Roux, Vogel und Kügelgen, wurde 1837 Großherzoglich-Sächsische Hofmalerin und arbeitete überwiegend als Porträtistin und Kopistin.*

☞ *Jena-Ost. Bis 1945 nach einer Symbolfigur der Nationalsozialisten Jacob-Johannes-Straße benannt.*

Ein Blick au f die Louise-Seidler-Straße am Fuß der Kernberge.

Anna-Siemsen-Straße

Kein Geringerer als der Dichter Kurt Tucholsky sagte 1929 bewundernd über Anna Siemsen: „Ja, wenn sie alle so wären wie diese seltene Frau." Die Pfarrerstochter Siemsen, 1909 in Bonn „summa cum laude" zur Dr.phil. promoviert, wurde 1923 ans Thüringische Unterrichtsministerium berufen, um an der Schulreform mitzuwirken. Damit verbunden war eine Honorarprofessur an der Universität Jena. Nach dem Einmarsch von Reichswehr-Truppen in Thüringen verlor sie jedoch zuerst ihre Verwaltungstätigkeit und wurde später, noch vor der Machtergreifung der Nationalsozialisten, widerrechtlich ihrer Professur enthoben. 1933 exilierte sie in die Schweiz und kehrte erst Ende 1946 nach Deutschland zurück. Der sehnlichste Wunsch der lebenslangen Kämpferin für Gleichberechtigung, am Wiederaufbau des deutschen Erziehungs- und Bildungswesens mitzuhelfen, ging indes nicht in Erfüllung. Bis zu ihrem Tode war Anna Siemsen jedoch aktives Mitglied der Friedensbewegung und setzte sich für die europäische Völkerverständigung und die Einigung Europas ein. Über Rosa Luxemburg äußerte sie einmal: „So schuf eine geschichtliche Situation aus einer großen Künstlerin eine Revolutionärin." Auf Anna Siemsen traf dies in gewisser Hinsicht ebenfalls zu.

🕮 *Anna Siemsen (1882-1951), Jenaer Reformpädagogin und Universitätsprofessorin, war von 1928 bis 1930 Abgeordnete der SPD im Reichstag und gilt als eine der ersten „wahren Europäerinnen".*

☞ *Jena-Winzerla. Bis 1996 nach dem Botaniker und Rektor der Jenaer Universität, Otto Schwarz (1900-1983), Otto-Schwarz-Straße benannt.*

Wilhelm-Stade-Straße

Friedrich Wilhelm Stade komponierte das Jena-Lied „Auf den Bergen die Burgen“, zu dem Leberecht Dreves (nach dem ebenfalls eine Straße benannt ist) den Text schrieb. Der Tonschöpfer berichtet über die wahrlich ungewöhnliche Entstehungsgeschichte des Liedes: „Ich litt damals an einem hartnäckigen Rheumatismus des rechten Armes. Schon viele Mittel hatte ich vergebens angewandt, da wurde mir geraten, den kranken Arm täglich eine Stunde lang in den Leib eines frisch geschlachteten Tieres zu stecken. Ich [...] ging mehrere Wochen [...] in das Schlachthaus [...]. Das war eine höchst langweilige und widerwärtige Geschichte. Eines Morgens saß ich auch so da, [...] mit dem ganzen rechten Arm im Leibe eines eben geschlachteten Hammels und langweilte mich ganz fürchterlich. Da fielen mir auf einmal die Verse des Liedes ein, und plötzlich auch die Melodie dazu. Ich summte sie ein paarmal vor mich hin, zog den Arm aus dem Hammel und eilte nach Hause, wo ich die Melodie rasch aufs Papier warf ...“

📖 *Friedrich Wilhelm Stade (1817-1902) war von 1845 bis 1860 Universitätsmusikdirektor.*

☞ *Jena-Ost, Kernberge. Bis 1914 als Straße Nr. 16 A bezeichnet.*

Blick auf die Wilhelm-Stade-Straße im Kernbergviertel.

Rudolf-Straubel-Straße

Der Abbe-Schüler Rudolf Straubel war als wissenschaftlicher Mitarbeiter und als Mitglied der Zeiß-Geschäftsleitung von 1901 bis 1933 maßgeblich an den Erfolgen des Unternehmens beteiligt. 1900 wurde Straubel der erste Leiter des neu gegründeten seismologischen Observatoriums am Physikalischen Institut. In Zusammenarbeit mit den Zeiß-Werken entwickelte er unter anderem den Straubel'schen Vertikalseismographen und die Straubel-Lampe, die bei der Erdbebenforschung verwendet wurden. 1933 musste Straubel aus der Geschäftsleitung bei Zeiß ausscheiden und in den Ruhestand treten, weil er mit einer Jüdin verheiratet (im Nazi-Jargon: „jüdisch versippt") war. Dennoch zollte man ihm großen Respekt. So sagte der gleichermaßen hoch angesehenen Zeißianer Dr. Hans Boegehold, dass nun „der wissenschaftliche Kopf der Zeiß-Firma [nach] über 30 Jahren als ältestes Mitglied der Geschäftsleitung [...] seine Stellung" verlasse. Boegehold wünschte Straubel: „Möge er noch einen langen Lebensabend genießen", sprach zugleich aber auch die Vermutung aus, dass Straubel „sich schwerlich der Ruhe hingeben, sondern, los von geschäftlicher Tätigkeit, der freien wissenschaftlichen Arbeit widmen" werde. Straubel, der 1943 starb, musste nicht mehr miterleben, wie sich seine Frau 1944 das Leben nahm, als sie ins KZ Theresienstadt deportiert werden sollte.

🕮 *Rudolf Straubel (1864-1943), Professor der Physik, erhielt unter anderem 1913 die Ehrendoktorwürde für Medizin und Politik.*

☞ *Jena-West. Bis 1940 Straße Nr. 274, von 1940 bis 1945 Hubert-Klausner-Straße – nach Hubert Klausner (1892-1939), Gauleiter von Kärnten – benannt.*

Friedrich-August-Tischbein-Straße

Der im holländischen Maastricht als Sohn des Malers Johann Valentin Tischbein geborene Johann Friedrich August erlernte sein Handwerk bei seinem Vater. Nach Reisen durch Italien und Frankreich wurde er Hofmaler in Arolsen, lebte danach einige Zeit in Holland, ging ab 1795 nach Dessau und wurde 1800 Direktor der Akademie zu Leipzig. Im Frühjahr des Jahres 1798 weilte er unter anderem in Jena. Dort fand er bei dem Schriftsteller und Philologen August Wilhelm Schlegel (1767-1845) im Haus am „Roten Turm“ Wohnstatt. Im März begann Tischbein, dessen Freundin Caroline zu malen, vollendete das Pastell in Dessau und sandte es sodann nach Jena. Die Tochter des Künstlers, die Malerin Caroline Tischbein, gab in ihren Aufzeichnungen ihr Urteil über die von ihrem Vater porträtierte Caroline Schlegel ab: Sie sei „gar nicht schön“ gewesen, behauptete sie, „kaum hübsch“. Doch „ihre nette, gewandte, kleine Gestalt war graziös wie ihr ganzes Wesen, und in dem von Pockennarben etwas beschädigten Antlitz lag so viel Einnehmendes, in ihren dunklen Augen leuchtete so viel Geist, und ihre Lippen zeigten, wenn sie sich öffneten, daß man allenfalls die Neigung begreifen kann, wenn nicht nur Schlegel, sondern auch viele andere Männer sich ihr maßlos widmeten“.

📖 *Johann Friedrich August Tischbein (1750-1812) war ein Cousin des als „Goethe-Tischbein“ berühmt gewordenen Malers Johann Heinrich Wilhelm Tischbein und wurde vor allem als Maler von Familienporträts bekannt.*

☞ *Münchenroda/Remderoda (Jenaer Ortsteil). 1993 wurde die neu angelegte Straße nach Tischbein benannt.*

Treunertstraße

In zahlreichen Gedichten hat der Heimatdichter Wilhelm Treunert seine Vaterstadt Jena besungen. Eines seiner Werke, 1832 herausgegeben, trägt den Titel: „Rundgemälde von Jenas Umgegend oder Die Aussicht vom Michaeliskirchturm. Ein poetischer Versuch in vier Abtheilungen von Wilhelm Treunert“. Am 31. März 1849 erschien im „Jenaer Wochenblatt“ sein elegisches Gedicht „Schneeglöckchen“, in dem es in einer Strophe heißt: „Schneeglöckchen war herausgekrochen, als noch der Wald verödet; da ist der Frost hereingebrochen und hat Schneeglöckchen getödtet.“ Nur wenige wirklich sonnige Tage waren Treunert in seinem Leben vergönnt. Nichtsdestotrotz erntete der Poet mit seinen Dichtungen viele schöne Früchte. Deshalb trägt sein Gedenkstein auf dem historischen Johannis-Friedhof die ihm von der hiesigen Bürgerschaft gewidmete und geradezu schwärmerische Inschrift: „Jenas edelster Sohn, des gold’nem Munde entströmte, treu im Frieden und Krieg, manches unsterbliche Lied.“

🕮 *Wilhelm Treunert (1797-1860), gelernter Buchdrucker und später Ratswachtmeister, war unter anderem Mitbegründer des Jenaer Männergesangsvereins.*

☞ *Jena-Ost. 1930 erhielt die bisherige Straße Nr. 18 Treunerts Namen.*

Trüperweg

Über den Pädagogen Johannes Trüper war in der „Jenaischen Zeitung“ vom 1. Oktober 1921 in einer Todesanzeige zu lesen: „Heute früh 4 Uhr entschlief nach schwerem Krankenlager im Alter von 66 Jahren mein geliebter Mann, unser treusorgender Vater, Bruder, Schwager und Onkel, der [...] Vater seiner großen Anstaltsgemeinde.“ Seine Mitarbeiter würdigten ihn in einem Nachruf: „31 Jahre hat er für unsere Gemeinschaft gelebt. Aus Liebe zur Jugend begann er sein Werk; warmherziges Interesse und seltenes Verständnis für die Kindesseele, namentlich für die besondere Pflege Bedürftiger, kennzeichnen seinen Lebensweg. Sein von idealem Streben getragenes, nimmermüdes Sorgen und Schaffen wird uns Vorbild sein.“ Trüper hatte seine Karriere als Dorfschullehrer begonnen, studierte ab 1887 Sozialpädagogik und Psychiatrie in Jena und gab seit 1895 die weithin beachtete „Zeitschrift für Kinderforschung“ heraus, in der bis zu seinem Tode etwa 200 seiner Beiträge zur Kinderforschung und Heilerziehung erschienen. Der weit über Deutschlands Grenzen hinaus bekannte Pädagoge nahm sich zeitlebens besonders der Schwachen an und kämpfte in Wort und Tat für ihre Rechte.

🕮 *Johannes Trüper (1855-1921) ist der Begründer der Erziehungsanstalt auf der Sophienhöhe und gilt als bedeutendster Wegbereiter der modernen Heilpädagogik.*

☞ *Jena-Ost, Kernberge. Erst Sophienhöhe, dann bis 1991 nach dem Schriftsteller Kellermann (1879-1951) Bernhard-Kellermann-Straße benannt.*

Die Trüper'sche Villa oberhalb des Trüperweges auf der Sophienhöhe.

Grete-Unrein-Straße

Die älteste Tochter Ernst Abbes war mit dem Direktor des Jenaer Lyzeums (heute Integrierte Gesamtschule „Grete Unrein“), Prof. Dr. Otto Unrein, verheiratet und hatte mit ihm drei Kinder. Zwischen 1919 und 1933 vertrat Grete Unrein die Deutsche Demokratische Partei (DDP) im Jenaer Stadtrat und arbeitete im Jugendamtsausschuss mit. 1932 bekam sie das Ehrenbürgerrecht der Saalestadt verliehen. Im entsprechenden Protokoll heißt es: „Der Stadtrat beschließt mit 13 Stimmen bei 8 Stimmenthaltungen, Frau Grete Unrein in Würdigung ihrer Verdienste um das Allgemeinwohl, insbesondere auf dem Gebiet der Wohlfahrtspflege, an ihrem 60. Geburtstag am 18. November das Ehrenbürgerrecht zu verleihen.“ Gemeinsam mit 27 Zeiß-Beschäftigten reichte die couragierte Frau 1934 Zivilklage gegen die Nationalsozialisten ein, weil diese versuchten, das Abbe'sche Stiftungsstatut zu ändern und Nichtarier auszuschließen. Bewundert für ihr vielfältiges soziales Engagement, verstarb sie 1945 in ihrem Haus Johann-Friedrich-Straße 3.

🕮 *Grete Unrein, geb. Abbe, (1872-1945) war unter anderem auch Erste Vorsitzende des Patriotischen Institutes des Frauenvereins des Deutschen Roten Kreuzes sowie Vorstandsmitglied des Lesehallenvereins.*

☞ *Jena-West. Bis 1948 Normannenstraße (in der Straße befand sich das Verbindungshaus der Turnerschaft „Normannia“) benannt.*

Die Grete-Unrein-Straße vom Volkshaus-Durchgang aus gesehen.

Dorothea-Veit-Straße

„Grünsamtene Teppiche die Berge hinan, mit Veilchen, Schlüsselblumen und Primeln gestickt und mit lauter wohlriechenden Kräutern durchwirkt ..." Diese Worte fand die Schriftstellerin Dorothea Veit über den Frühling in Jena. Als älteste Tochter des jüdischen Aufklärers und Philosophen Moses Mendelssohn (1728–1786) in Berlin geboren, wuchs Brendel Mendelssohn (so Dorotheas Geburtsname) in einem Hause auf, das als ein geistiger Mittelpunkt der Stadt galt. 1798 wurde die „Vernunftehe", welche die überaus gebildete junge Frau mit dem jüdischen Bankier Simon Veit hatte eingehen müssen, geschieden. Bereits 1797 hatte Dorothea den Schriftsteller Friedrich Wilhelm Carl Schlegel (1772-1829) kennengelernt und war ihm nach Jena gefolgt, wo er Privatdozent war. In der Saalestadt gehörte das Paar dem Jenaer Romantikerkreis an. Mit Anerkennung wird Dorotheas 1801 erschienener Roman „Florentin" aufgenommen; später befasst sie sich mit Übersetzungen aus dem Französischen und bearbeitet mittelalterliche Stoffe. Die kluge und praktisch veranlagte Frau war der Literatur ebenso zugetan wie der Musik und der Philosophie. 1804, nach ihrem Übertritt zum Protestantismus, heiratete sie Friedrich Schlegel. Nur vier Jahre später konvertierte das Paar gemeinsam zum Katholizismus.

🕮 *Dorothea Veit, geb. Brendel Mendelssohn (1763-1839), gilt als eine der bedeutendsten Vertreterinnen der deutschen Frühromantik.*

☞ *Jena-Lobeda (Ost). Bis 1991 nach dem kommunistischen Landtagsabgeordneten in Thüringen, Fritz Gäbler (1886-1974), als Fritz-Gäbler-Straße benannt.*

Wanderslebstraße

Nach dem Studium in Jena, München und Berlin promovierte Ernst Wandersleb an der Salana. Ernst Abbe stellte den talentierten Physiker 1901 als Assistenten der fotografische Abteilung im Zeiß-Werk ein, die er ab 1911 leitete. Wandersleb verbesserte unter anderem erfolgreich das 1902 von Paul Rudolph (1858-1935) bei Zeiß entwickelte berühmte Tessar-Objektiv (das „Adlerauge der Kamera") und besaß 19 Patente auf dem Gebiet der fotografischen Optik. Zwischen 1905 und 1913 unternahm Wandersleb, der 1908 den „Thüringischen Verein für Luftfahrt" mitbegründete, mehr als 40 ausgedehnte Ballonreisen durch ganz Deutschland, bei denen er mit dem Tessar einmalige und Aufsehen erregende Luftaufnahmen (oftmals die ersten überhaupt) von Städten und Landschaften machte. Nach Kritik an Hitler wurde ihm 1939 untersagt, das Zeiß-Werk zu betreten, dessen Werksleitung er ab 1945 bis 1957 wieder angehörte. Der Forschungsleiter Prof. Dr. Harry Zöllner charakterisierte Wandersleb folgendermaßen: „Bis in die letzten Stunden seines Lebens haben ihn die Probleme der Fotooptik beschäftigt, und er hat mit sehr großer Beharrlichkeit versucht, seine Ideen zu verwirklichen und damit die wissenschaftliche und technische Entwicklung dieses Gebietes weiterzutreiben. Sein Eifer und Pflichtgefühl werden uns stets Vorbild und Verpflichtung sein."

🕮 *Ernst Wandersleb (1879-1963), Physiker, Fotograf und Ballonfahrer, gilt als Wegbereiter des wissenschaftlichen Luftbildwesens. Der begeisterte Bergsteiger förderte zudem aktiv das Jenaer Musikleben und gründete den Naumann'schen „Akademischen Chor" neu.*

☞ *Jena-Winzerla. 1991 wurde die Straße nach Wandersleb benannt.*

Weigelstraße

Zeit seines Lebens trat der Jenaer Gelehrte und Frühaufklärer Erhard Weigel für die gregorianische Zeitrechnung ein, doch sollten seine Bemühungen erst nach seinem Tode erfolgreich sein. Der Hintergrund: Im Jahre 46 v. Chr. hatte Julius Cäsar den Julianischen Kalender eingeführt, der seinerzeit den nach Mondjahren rechnenden Römischen Kalender ablöste und bereits das Schaltjahr vorsah. Papst Gregor XIII. rief 1582 per päpstlicher Bulle („Inter Gravissimas") den verbesserten und bis heute gültigen Gregorianischen Kalender ins Leben, den ab 1583 die meisten katholischen Länder Deutschlands übernahmen. Weil sich jedoch die Protestanten den Bestimmungen des Papstes widersetzten, bestand in Deutschland neben dem neuen auch noch der alte Kalender. Weigel war bereits 72 Jahre alt, als er sich nach Regensburg begab, um seinen Forderungen nach Einführung des gregorianischen Kalenders für alle deutschen Gebiete direkt vor dem Reichstag Nachdruck zu verleihen. Indes: Den endgültigen Siegeszug des neuen Kalenders erlebte der Gelehrte nicht mehr, denn am 21. März 1699 ereilte ihn der Tod. Der Beschluss, den Gregorianischen als allein gültigen Kalender für Gesamtdeutschland einzuführen, wurde ein halbes Jahr später gefasst.

🕮 *Erhard Weigel (1625-1699), Astronom, Mathematiker und Pädagoge, war ab 1653 Professor für Mathematik und gilt als einer der bedeutendsten Gelehrten der Salana im 17. Jahrhundert.*

☞ *Jena-Innenstadt. Am Südende der Straße stand Weigels berühmtes Haus, das 1898 einem Durchbruch der Straße weichen musste. Bis 1899 war die Straße zwischen Johannisstraße und Bibliotheksplatz ohne Namen.*

Die Weigelstraße zwischen Johannistraße und Stadtkirche erinnert an einen der berühmtesten Gelehrten der Salana.

Max-Wien-Platz

Der Experimentalphysiker Max Wien wirkte von 1911 bis 1935 am Physikalischen Institut der Jenaer Universität. Ausgenommen waren die Kriegsjahre, in denen er die wissenschaftliche Abteilung für funktechnische Ausrüstung des deutschen Heeres leitete. Die Wertschätzung seiner Person durch Kollegen und Schüler geht aus den Worten eines von ihnen namens Falkenhagen hervor: „Alle Physiker, denen es vergönnt war, mit Wien persönlich zu sprechen, waren beeindruckt von dem überragenden Können dieses großen Meisters, seiner Begeisterungsfähigkeit für alles, was mit wissenschaftlichen Problemen im Zusammenhang stand, und seinem vornehmen, gütigen, bescheidenen Wesen. So kam es, dass Wien sich großer Verehrung erfreute und allen, die ihm nahe standen, sich selbstlos jederzeit hilfsbereit zur Verfügung stellte. Reich war der Schatz seiner Erfahrungen. Eine Diskussion mit Wien war höchstes Vergnügen."

🕮 *Max Wien (1866-1938), Physikprofessor, Mitglied verschiedener wissenschaftlicher Akademien, Ehrendoktor der Technischen Hochschule Danzig und Inhaber der Goethe-Medaille für Kunst und Wissenschaft, gilt als einer der Pioniere der drahtlosen Telegraphie.*

☞ *Jena-West. 1958 erhielt der bis dahin namenlose Platz vor dem Physikalischen Institut seinen Namen.*

Das bestimmende Gebäude am Max-Wien-Platz ist das Physikalische Institut der Universität.

Carl-Zeiß-Platz / Carl-Zeiß-Promenade / Carl-Zeiß-Straße

Der in Weimar geborene Carl Friedrich Zeiß gründete am 19. November 1846 in Jena eine Werkstatt und legte damit das Fundament für ein Unternehmen, das sehr bald Weltruhm erlangen sollte. Sein erster Lehrling, der spätere Werkmeister August Löber, notierte 1848 über die mageren Anfangsjahre des Unternehmes: „Im Geschäft, wo sonst wenig zu tun war, wurden aus den alten Feuerschlössern Perkussionen gemacht [...]. Außer in diesem Jahre wurden auch noch später [...] Handelskrisen und Teuerungen dem Geschäft hinderlich, so daß der zweite Gehilfe entlassen werden mußte und Herr Zeiß und meine Wenigkeit das ganze Personal ausmachten [...]. Aus all dem ist wohl zu ersehen, daß die ägyptischen Fleischtöpfe oft schlecht gefüllt waren [...]. So wurde ich nicht selten aus meiner Sonntagsbeschäftigung (Gartenarbeit) geholt wegen einer lumpigen Brille für 1,80 Mark. Wenn ich da nicht an Fettsucht zu leiden hatte, ist es wohl erklärlich."

🕮 *Carl Friedrich Zeiß (1816-1888), Gründer des Zeiß-Werkes, war seit 1861 Universitätsmechanikus und Lehrbeauftragter.*

☞ *Jena-Innenstadt. 1888 wurde anlässlich des Todes von Carl Zeiß der Litterplatz in Zeiß-Platz (später Carl-Zeiß-Platz) umbenannt.*
☞ *Jena-West. 1999 wurde ein Teil der Tatzendpromenade (von der Mühlenstraße bis zur Lichtenhainer Straße) in Carl-Zeiß-Promenade umbenannt.*
☞ *Jena-Innenstadt. 1888 erhielt die Littergasse (Leutragässchen) den Namen Carl-Zeiß-Straße.*

Durch die Carl-Zeiß-Straße geht der Blick zum Volkshaus am Carl-Zeiß-Patz.

Ziegesarstraße

„Wie gern flüchten meine Gedanken zu Ihnen", schrieb Goethe in seinem letzten Brief an Silvie von Ziegesar nach Drackendorf. Auf dem bei Jena gelegenen Erbgut ihres Vaters, des Gothaischen Geheimrats und Kanzlers Freiherr August Friedrich Karl von Ziegesar, hatte der Dichter die reizvolle Silvie bereits als Kind kennen gelernt. Er unternahm mit ihr viele Ausflüge ins Saaletal und widmete ihr zum Geburtstag am 21. Juni 1808 sein Gedicht „Nicht am Susquehanna", dessen Schlussworte „Tochter, Freundin, Liebchen" seine tiefe Zuneigung zu ihr bekunden. In der Eckstube an Silvies Nähtisch hat Goethe – angeregt von der Lobdeburgruine – die Ballade „Bergschloß" „für mich gedichtet", erzählte Silvie später stolz. Zudem gingen einige ihrer Züge in die Gestalt der Ottilie in den „Wahlverwandtschaften" ein. Eingedenk seiner Stellung und seiner Ehe mit Christiane, flüchtete Goethe mit seinen Gedanken an die „liebste Silvie" in die Poesie. 1814 vermählte sich die von ihm so hochverehrte Silvie mit dem Jenaer Garnisonsprediger und Professor der Theologie Friedrich August Koethe (mit K!). Der Dichterfürst übernahm die Patenschaft für ihr erstes Kind.

🕮 *Silvie von Ziegesar (1785-1855) war die zweite Tochter August Friedrich Karl von Ziegesars (1746-1813).*
🕮 *Anton Freiherr von Ziegesar (1763-1843), Großherzoglicher Geheimer Rat und Oberappellationsgerichtspräsident, erhielt 1821 die juristische Ehrendoktorwürde und war von 1829 bis 1843 Kurator der Salana.*

☞ *Jena-Lobeda (Ost). Bis 1991 nach dem Jenaer Lehrer, Landtagsabgeordneten (bis 1933), Kommunisten und Widerstandskämpfer Friedrich Wilhelm Heilmann (1892-1963) Friedrich-Heilmann-Straße benannt.*

Zitzmannstraße

Der in Kahla geborene Maler und Grafiker Lothar Zitzmann fasste das Credo seiner Kunst in folgende Worte: „Ich habe eine große Vorliebe für das klar Erfaßbare, für das Unkomplizierte und auch für das Kindliche. Genauso wie das Unklare erscheint mir das Komplizierte unbewältigt im tieferen Sinne. Erst durch die Lösungen werden Probleme einfach. Erst durch Bewältigung wird auch Vielschichtiges klar. Nicht kompliziert, sondern differenziert und zugleich einfach zu sein, das sehe ich an als Ziel." Nach dem Studium in Weimar und Jena wurde er 1953 Dozent für Wandmalerei an der Kunsthochschule Halle / Burg Giebichenstein. 1965 wurde er zum Professor ernannt und war von 1970 bis 1977 Direktor der Sektion „Künstlerische und wissenschaftliche Grundlagen der Gestaltung" an der Hochschule für industrielle Formgestaltung Halle / Burg Giebichenstein. Zitzmanns Gemälde umfassen weibliche Akte, Menschenpaare, Kinder, Karnevals- und Sportdarstellungen. Eine untergeordnete Rolle in seinem Schaffen spielten Landschaften, Stillleben und Porträts. 1984 waren seine Werke in den Städtischen Museen Jena, der früheren Galerie Lobeda-West, ausgestellt.

🕮 *Lothar Zitzmann (1924-1977), Maler, Grafiker und Professor, studierte von 1948 bis 1951 Kunstpädagogik, Psychologie und Philosophie an der Jenaer Universität.*

☞ *Jena-Nord. Ab 1939 Legion-Condor-Straße (nach der im spanischen Bürgerkrieg 1936 an der Seite Francos kämpfenden deutschen Einheit) und ab 1945 Ernst-Piltz-Straße – nach dem Heimatforscher und Oberrealschullehrer Ernst Piltz (1857-1921) – benannt. 1962 bis 1991 Straße der Deutsch-Sowjetischen Freundschaft.*

Bücher aus Jena

Jena. Bilder aus der DDR
Birgitt Hellmann und
Katrin Stiefel
ISBN 3-89702-527-2 / 17,90 € [D]

Schott in Jena. 1884 bis 1949
Tilde Bayer, Uta Hoff und
Wolfgang Meyer
ISBN 3-89702-570-1 / 17,90 € [D]